Konrad von Würzburg | Das Herzmære
und andere Verserzählungen

AF626730

Konrad von Würzburg
Das Herzmære
und andere Verserzählungen

Mittelhochdeutsch / Neuhochdeutsch

Nach den Textausgaben von Eduard Schröder
übersetzt und kommentiert von Lydia Miklautsch

Reclam

Der Verlag behält sich die Verwertung der urheberrechtlich geschützten Inhalte dieses Werkes für Zwecke des Text- und Data-Minings nach § 44b UrhG ausdrücklich vor. Jegliche unbefugte Nutzung ist ausgeschlossen.

RECLAMS UNIVERSAL-BIBLIOTHEK Nr. 19381
2016 Philipp Reclam jun. GmbH & Co. KG,
Siemensstraße 32, 71254 Ditzingen
info@reclam.de
Gestaltung: Cornelia Feyll, Friedrich Forssman
Druck und Bindung: Elanders Waiblingen GmbH,
Anton-Schmidt-Straße 15, 71332 Waiblingen
Printed in Germany 2026
RECLAM, UNIVERSAL-BIBLIOTHEK und
RECLAMS UNIVERSAL-BIBLIOTHEK sind eingetragene Marken
der Philipp Reclam jun. GmbH & Co. KG, Stuttgart
ISBN 978-3-15-019381-5
reclam.de

Inhalt

Anhang

Der Schwanritter

In der Handschrift fehlt das erste Blatt mit 140 Verszeilen; Edward Schröder beginnt die Zählung in seiner Ausgabe daher bei 141.

⟨...⟩
besitzen sîne hêrschaft.
⟨seht⟩ alsus war dô criechaft
der herzog ûzer Sahsenlant
mit dirre frouwen alzehant
umbe ir liute und umbe ir guot:
dur sînen hôhen übermuot
bestuont er si mit strîte.
si liez in bî der zîte
hantvesten unde ir brieve sehen:
wie vor den herren was geschehen
mit rehte daz gedinge,
daz âne misselinge
daz lant ir erbe solte sîn.
daz trouc die werden herzogîn
gar lützel unde cleine für,
wand ir nâch sînes herzen kür
der fürste rîch von Sahsen
liez grôzen schaden wahsen.
  Er quam geriten in ir lant
mit gewalticlicher hant
und mit sô starker herescraft
daz sich diu frouwe tugenthaft

Der Schwanritter

Bevor Gottfried von Brabant zu einem Kreuzzug aufbrach, setzte er seine Frau und seine Tochter mit einem schriftlichen Dokument als Erben ein. Der Bruder Gottfrieds, der Herzog von Sachsen, erkannte nach dessen Tod das Testament nicht an und beanspruchte selbst die Herrschaft in Brabant.

⟨…⟩
besitzen seine Herrschaft.
Deswegen begann
der Herzog von Sachsen
mit dieser Dame sogleich einen Krieg
um Land und Leute:
Aufgrund seines großen Stolzes
bekämpfte er sie.
Zur selben Zeit hat sie ihn
Dokumente und Urkunden sehen lassen,
in denen vor Zeugen
rechtmäßig festgelegt wurde,
dass das Land ohne jeden Zweifel
ihr Erbe sein sollte.
Das legte die edle Herzogin,
sehr sorgfältig und genau vor;
dennoch fügte ihr der mächtige Fürst von Sachsen
aus fester innerer Überzeugung heraus
großen Schaden zu.
Er kam mit gewaltiger Macht
und einem so großen Heer
in ihr Land geritten,
dass die tugendhafte Dame

mit nihte kunde sîn erwern,
wand er begunde si verhern
mit roube und ouch mit brande.
an liuten unde an lande
wart ir verlust vil manecvalt.
kein ritter was in ir gewalt
der im getörste widerstân,
ir dienestliute si verlân
mit helfe dâ begunden,
dem fürsten si enkunden
gurliugen noch gestrîten.
dâvon ir zallen zîten
der herre vil ze leide tete.
er brach ir dörfer unde ⟨ir⟩ stete
mit schedelichen reisen
ze nœten und ze freisen:
das tet er ⟨ir⟩ vil unde gnuoc.
Ze jungest sich diu zît getruoc
von wilder âventiure alsô
daz der künec Karle dô
rîlichen als ein rœmscher voget
quam in daz Niderlant gezoget
und wolte drinne rihten
und allez daz verslihten
daz für in quæme dâ ze clage,
als noch hiute und alle tage
billîche ein rœmscher künec tuot.
er quam in eine veste guot
mit ⟨al⟩ der hovediete sîn,
diu lît dâ sich der snelle Rîn

sich nicht wehren konnte,
als er damit begann, ihre Besitzungen
mit Raub und Brandschatzen zu verheeren.
Ihre Verluste an Untertanen und Ländereien
waren sehr groß.
Kein Ritter stand unter ihrer Herrschaft,
der es wagte, sich ihm entgegenzustellen;
die Dienstleute versagten ihr
ihre Unterstützung,
weil sie dem Fürsten weder
widerstehen noch ihn bekämpfen konnten.
Während einer langen Zeit
fügte ihr der Herr großen Schaden zu.
Ihre Dörfer und Städte
zerstörte er mit räuberischen Kriegszügen
und brachte beständig
Not und Schrecken über sie.
Zuletzt trug sich zu dieser Zeit
ein wirklich erstaunliches Ereignis zu,
und zwar als König Karl
in seiner Würde als römischer Schirmherr
in die Niederlanden reiste,
um dort zu richten
und in allem einen Ausgleich zu finden,
was ihm an Anklage vorgetragen werde,
so wie es noch heute und für alle Tage
für einen römischen König angemessen ist.
Er nahm mit seinem Hofstaat
Quartier in einer stattlichen Festung,
die dort liegt, wo sich der schnelle Rhein

wil sêwen unde ergiezen
und in das mer kan fliezen,
als ez noch mangem ist bekant:
Niumâgen ist diu burc genant
dâ Karle nider sich geliez.
er bat ⟨dâ⟩ künden unde hiez
den liuten von dem lande sagen:
swer vor im hæt iht ze clagen,
daz der für in dâ quæme
und guot gerihte næme
nâch sîme rehten alzehant.
Diu herzogîn ze Brâbant,
als si vernam diu mære,
dô quam diu tugentbære
mit ir tohter wünnevar
für den erwelten künec dar
und suochte an im gerihte sâ.
nu was ouch bî der zîte dâ
der herzog ûzer Sahsenlant
und manec herre wîte erkant
die gerne suochten sînen hof,
und manec werder bischof
des herze tugend sich versan;
grâven unde dienestman,
herzogen unde frîen gnuoc
und manec rîcher fürste cluoc,
die wâren ûf dem palas.
dô Karle ûf ein gestüele was
gesezzen durch gerihte,
vor sîner angesihte

zu einem See verbreitert
und in das Meer mündet,
manchen ist sie noch bekannt:
Die Burg heißt Niumâgen
in der sich Karl niederließ.
Er bat, seine Ankunft verkünden
und der Bevölkerung ausrichten zu lassen,
dass jeder, der eine Klage vorbringen wolle,
zu ihm kommen solle
und ein angemessenes Gerichtsverfahren
gemäß seinem Recht erhalten werde.
Als die Herzogin von Brabant
diese Botschaft hörte,
kam die tugendhafte
mit ihrer lieblichen Tochter
zum ruhmreichen König
und bat sogleich um eine Gerichtsverhandlung.
Zu dieser Zeit waren
auch der Herzog von Sachsen
und manche weithin bekannte Herren anwesend,
die gerne den Hof aufsuchten,
sowie manche edle Bischöfe,
deren Gesinnung tugendhaft war,
Grafen, Dienstmänner,
Herzöge, Freiherrn
und viele reiche und vornehme Fürsten
befanden sich im Saal.
Als Karl auf einem Stuhl Platz nahm,
um Gericht zu halten,
begannen in seiner Gegenwart

begunde clagen alzehant
diu herzogîn von Brâbant
unde ir tohter junc diu maget.
ûf den von Sahsen dô geclaget
von in beiden sêre wart:
die frouwen rîch von hôher art
dem künge ir schaden seiten,
ir ungemach si leiten
den ôren sîn mit rede für:
wie si nâch sînes herzen kür
vertreip der herzog âne schult,
und waz er grôzer ungedult
an in begangen hæte
mit worten und mit tæte.
  Nu si vor Karlen beide
mit jâmer und mit leide
gestuonden clegelîche alsô
vil schiere wart geschouwet dô
ein fremdez wunder ûf dem sê,
daz man gesach nie keinez mê
daz wunderlicher wære
und ouch sô tugentbære.
  Der künec blicte nebensich
aldurch ein venster wünniclich:
dô spürte er daz ein wîzer swan
flouc ûf dem wazzer dort herdan
und nâch im zôch ein schiffelîn
an einer keten silberîn,
diu lûter unde schône gleiz.
der vogel sich des harte fleiz

die Herzogin von Brabant
und ihre junge Tochter
sogleich mit ihrer Klage.
Der Herzog von Sachsen wurde
von beiden heftig angeklagt:
Die hochgeborenen Frauen
berichteten dem König von ihrem Schaden
und von den Verlusten,
die sie zu erleiden hatten:
wie sie der Herzog aus reiner Willkür
und unrechtmäßig vertreiben wolle
und dass er mit großer Heftigkeit
gegen sie vorgegangen sei
mit Worten und mit Taten.
Als sie nun beide
voll Jammer und Leid
klagend vor Karl standen,
war plötzlich auf dem Meer
ein merkwürdiges Ereignis zu sehen.
Man hat seitdem niemals mehr
so etwas Außerordentliches
und Glücksverheißendes gesehen.
Der König schaute beiseite
durch ein schön verziertes Fenster:
Da bemerkte er einen weißen Schwan,
der über dem Wasser heranflog
und ein kleines Schiff hinter sich her zog
an einer silbernen Kette,
die hell und strahlend glänzte.
Der Vogel gab sich große Mühe,

daz er die cleinen arken
gezüge ab dem vil starken
wilden wâge unmâzen tief.
ein ritter in dem schiffe slief:
der hæte sich darîn geleit,
darüber ein spalier was gespreit
daz liehten schîn den ougen bar,
von palmâtsîden rôsenvar,
in dem diu sunne spilte.
der helt ûz sîme schilte
gemachet hæte ein küssîn,
ûf dem sô lag daz houbet sîn
dur ruowe dâ besunder.
Ich sage iu von im wunder,
welt ir mit willen sîn gelosen:
sîn helm, sîn halsberc und ⟨die⟩ hosen
diu wâren neben in geleit,
er hæte sîniu wâpencleit
mit im gefüeret ûf den sê.
der albez wîz alsam der snê
fuorte an im den swæren soum,
den segel und den mastboum:
des schiffelînes marner guot.
den ritter ûf des wâges fluot
zôch der vogel dort herdan:
in fuorte als eben dirre swan
daz nie kein marner ûf dem mer
ein schif geleite sunder wer
sô wol als in der albez tete,
wand er in zuo des landes stete

den kleinen Kahn
durch die wilden weiten Wellen zu ziehen,
die sehr tief waren.
Ein Ritter schlief in dem Schiff:
der hatte sich hineingelegt,
bekleidet mit einem Untergewand
aus rosenfarbener Seide,
auf dem die Sonne widerschien
und den Augen einen hellen Schimmer bot.
Der Held benützte seinen Schild
als ein Kissen,
auf dem lag sein Haupt
in vornehmer Ruhe.
Ich werde Euch mehr Erstaunliches von ihm erzählen,
wenn Ihr bereit seid, von ihm zu hören:
Sein Helm, sein Brustpanzer und die Waffenhosen
lagen neben ihm,
er hatte seine Rüstung
mit aufs Meer genommen.
Der schneeweiße Schwan
führte die schwere Last mit sich,
das Segel und den Mastbaum:
Er war dem Schifflein ein guter Steuermann.
Den Ritter zog der Vogel
durch die Wellen:
Eben dieser Schwan führte ihn so vortrefflich,
wie kein Steuermann auf dem Meer
ein Schiff hätte so gut leiten können,
so wie dieser Schwan es tat,
als er ihn sicher

gar ordenlîche wîste.
Und do der hôchgeprîste
künec Karle daz ersah,
dô stuont er ûf unde sprach:
»wil ieman schouwen unde spehen
daz grœste unbilde daz gesehen
ie wart ze keinem mâle,
der kêre sunder twâle
mit mir ⟨al⟩zuo des meres stade.
ein vogel ziuhet sô gerade
ûf dem wazzer dort herdan
ein schiffelîn und einen man
daz man daz wunder nie bevant,
er wil in füeren an diz lant
ab des vil tiefen meres fluot.
wol ûf, ir mæren helde guot,
und îlent mit mir an den sê!
der albez wîz alsam der snê,
geverwet sô daz blüende rîs,
der kêret darûf sîne wîs
daz er den helt geleite
ze lande vil gereite
und in ze stade bringe.
sô wunderlicher dinge
wart selten ie geschouwet iht,
sô daz man einen vogel siht
ûf wazzer füeren liute.
swaz ouch sîn kunft bediute,
si zeiget fremdiu mære:
ein keten wünnebære,

den Weg zum Ufer wies.
Als der hochgerühmte
König Karl das sah,
stand er auf und sprach:
»Wenn jemand etwas vollkommen Unbegreifliches
sehen und bestaunen will,
was noch nie vorher gesehen wurde,
der soll unverzüglich
mit mir zum Meeresufer eilen.
Ein Vogel zieht dort gerade
ein Schifflein auf dem Wasser zu uns her
mit einem Mann darin.
Das ist ein noch nie dagewesenes Wunder,
er will ihn durch die tiefen Meeresfluten
ans Ufer bringen.
Wohl auf, Ihr berühmten und edlen Helden,
und eilt mit mir ans Ufer.
Der schneeweiße Schwan,
in der Farbe eines blühendes Zweigs,
bemüht sich sehr darum,
den Helden
an das Ufer zu leiten
und an Land zu bringen.
So etwas Erstaunliches,
hat noch nie jemand gesehen,
dass ein Vogel
Menschen durchs Wasser führt.
Was auch immer seine Ankunft bedeuten mag,
sie ist in jedem Fall ungewöhnlich:
Er trägt eine wunderbare

diu von silber ist geslagen,
ist im gesmidet umb den cragen
und an daz schiffelîn geworht;
er wil den ritter unervorht
her wîsen zu der veste.
got hât uns wilde geste
gesant her ûf dem wâge wît:
ein ritter in dem schiffe lît,
der ist darinne entslâfen;
sîn harnasch und sîn wâfen,
glanz und missewende frî,
sint im geleit vil nâhen bî.«
Diz mære unmâzen wilde
daz dûhte ein grôz unbilde
die ritter algemeine
die bî dem künge reine
wâren ûf dem wîten sal.
geloufen quâmens überal
hinab dem hûse alzuo dem sê.
nieman beleip von liuten mê
des mâles ûf der veste guot,
wan dise frouwen ungemuot,
die clagen wolten bî der zît:
der ungemüete was sô wît
und ⟨al⟩sô breit ir swære,
daz si niht fremder mære
und âventiure enruochten,
wan si gerihte suochten
vil gerner danne wunder.
Dâmite ⟨und⟩ ouch hierunder

aus Silber geschmiedete Kette
um den Hals,
an der ist das Schifflein befestigt:
Ohne jede Scheu will er den Ritter
ans Festland bringen.
Gott schickt uns seltsame Gäste
über das weite Meer:
Ein schlafender Ritter
liegt in dem Schifflein,
seine Rüstung und Waffen,
glänzend und makellos,
liegen neben ihm.«
Dieser wirklich erstaunliche Bericht
erschien allen Rittern unbegreiflich,
die bei dem edlen König
im großen Saal waren.
Von überall liefen
sie aus der Burg hinab zum Meeresufer.
Keiner von den Leuten
blieb da im Gebäude,
außer die betrübten Frauen,
die zu diesem Zeitpunkt
ihre Anklage vorbringen wollten;
Ihr Kummer war so groß
und ihre Schwermut so stark,
dass sie ungewöhnliche Ereignisse
nicht kümmerten,
weil sie Gerechtigkeit suchten
und nicht Wunder.
Inzwischen

die arken hæte dô der swan
gewîset zuo der veste dan
und was mit ir ze lande komen;
dâvon der ritter ûzgenomen
der in dem schiffelîne slief
was ûf dem wilden wâge tief
erwecket und erwachet.
ûf hæte er sich gemachet
viel schiere ûz sîner arken.
des wart der helt mit starken
êren schône enphangen,
wan Karle quam gegangen
im engegen an daz mer
mit eime ritterlichen her,
unde enphienc in alsô wol
daz man enphâhen niemer sol
baz dekeinen jungelinc.
er hiez behalten sîniu dinc
und wart von sîner künfte frô.
»got weiz wol, herre«, sprach er dô
»daz iuch ein fremder marner hât
ân alle schemelîche tât
gefüeret her in unser lant.«
dô wurden im vil ⟨wol⟩ zehant
diu liehten wâpencleider sîn
getragen ûz dem schiffelîn
und ⟨für in⟩ ûf die burc gesant.
dô nam der künec sâzehant
den werden ritter ûzerwelt
und fuorte den kürlichen helt

hatte der Schwan das Schiff
zum Festland gelenkt
und war mit ihm am Ufer angekommen;
Der besondere Ritter,
der in dem Schifflein schlief,
wurde durch die wilden Wogen
der Brandung geweckt.
Sogleich stand er auf
und stieg aus dem Kahn.
Da wurde der Held
mit hohen Ehren empfangen,
denn König Karl selbst
kam ihm bis zum Ufer
mit seinem ritterlichen Gefolge entgegen
und begrüßte ihn so standesgemäß,
dass kein Jüngling
jemals besser empfangen wurde.
Er ließ für seine Habe sorgen
und zeigte sich erfreut über seine Ankunft.
»Bei Gott, Herr«, sprach er da,
»Euch hat ein ungewöhnlicher Schiffsherr
ohne jegliche Widrigkeit
in unser Land geführt.«
Daraufhin wurde
seine glänzende Rüstung
aus dem Schifflein geladen
und in die Burg gebracht.
Der König selbst
nahm sich des edlen, auserwählten Ritters an
und geleitete den trefflichen Helden

mit im ⟨von⟩ dannen ûf daz hûs.
diu liute machten einen grûz
von disem wunder wilde,
daz sîn erweltez bilde
ein albez hæte dar gezogen.
der helt an manheit unbetrogen
den vogel hiez dô kêren dan:
»fliuc dînen wec, vil lieber swan!«
sprach er güetlîche wider in.
»swenn ich dîn aber dürftic bin
und dîn ze nœten brûchen sol,
sô kan ich dir geruofen wol
und dich herwider bringen.«
⟨Seht⟩ dô begunde swingen
der albez balde ûf sîne vart.
daz schiffelîn gefüeret wart
mit im von dannen über sê.
man sach ir beider dâ niht mê,
wan si dô sunder lougen
den liuten ab den ougen
schier unde balde wâren komen.
Der gast hin ûf daz hûz genomen
von ⟨dem⟩ erwelten künge wart.
dur sîne ritterlichen art
wart er ze wunder an gesehen
man dorfte keinen ritter spehen
nie sô wünniclichen mêr.
der künc gewaltic unde hêr
gienc an sîn gestüele wider
und saz an daz gerihte nider

hinauf zur Burg.
Alle Leute verneigten sich
vor diesem ungewöhnlichen Fremden,
dessen auserwählte Gestalt
ein Schwan hergebracht hatte.
Der Held, an Mannhaftigkeit unübertroffen,
befahl dem Vogel, umzukehren:
»Flieg deinen Weg, lieber Schwan!«
sprach er freundlich zu ihm.
»Sollte ich dich aber wieder benötigen
und dich als Hilfe aus der Not brauchen,
so werde ich dich rufen
und wieder herholen.«
Daraufhin breitete der Schwan die Flügel aus
und flog sogleich davon.
Das Schifflein zog er mit sich
über das Meer.
Schon bald sah man die beiden nicht mehr,
denn sie sind wahrhaftig
in sehr kurzer Zeit
aus dem Blickfeld der Leute verschwunden.
Der Gast wurde vom edlen König
mit in die Burg genommen.
Wegen seiner ritterlichen Art
wurde er bewundernd angesehen,
niemals wieder konnte man
einen so außergewöhnlichen Ritter erblicken.
Der mächtige und edle König
begab sich wieder auf seinen Richterstuhl
und saß zu Gericht,

als er gesezzen was dâvor;
der gast ouch neben in enbor
gesetzet wart von sîner hant
für mangen fürsten wîte erkant.

Nu Karle an sîn gerihte quam
und aber sich des an genam
daz er dô wolte rihten
und allez daz verslihten
swaz crumbes dinges wære dâ,
dô stuont ⟨eht⟩ aber ⟨ûf⟩ iesâ
diu herzogîn von Brâbant.
si nam ir tohter an ir hant,
diu glanz was unde reine:
von fleische noch von beine
wart ein kint als ûzerkorn
in Brâbanden nie geborn
sô die vil keiserlîche fruht.
an ir lag êre mit genuht
an lîbe und an gelâze,
liutsælic ûz der mâze
sô schein diu guote bî der zît.
si zierte ein grüner samît,
des truoc si mantel unde roc,
und hermîn was daz underzoc
der wünniclichen wæte.
ein schapel ûfe hæte
diu schœne und diu vil clâre,
daz lûhte von ir hâre
von golde und ⟨ouch⟩ von gimmen.
und hæte si niht grimmen

wie er es vorher getan hatte,
mit eigener Hand wies er den Gast
zu sich hinauf auf den Platz neben ihm,
vor manchen weithin berühmten Fürsten.
Nun wollte Karl Gericht halten
und sich wiederum darum kümmern,
was einen Richterspruch erforderte
und alles das ausgleichen,
was als Unrecht gelten könne.
Da stand noch immer
die Herzogin von Brabant.
Sie hielt ihre Tochter an der Hand,
die war schön und rein in allem:
Von solcher Gestalt
war in Brabant
noch nie ein Kind geboren worden,
das so vollkommen war wie dieses.
Sie war äußerst ehrbar
in ihrem Aussehen und in ihrem Verhalten
und über alle Maßen wohlgefällig,
so trat die Tugendhafte zu diesem Zeitpunkt auf.
Sie war geschmückt mit grünem Samt,
aus diesem war der Mantel und der Rock,
das Unterfutter der herrlichen Kleidung
war aus Hermelin.
Die Schöne und Reine
zierte ein Kranz,
der leuchtete auf ihren Haaren
von Gold und Edelsteinen.
Und hätte sie nicht tiefen Schmerz

und ungeschriben smerzen
gehabet in ir herzen
umbe ir liute und umbe ir lant,
sô wære an ir der wunsch erkant
und aller sælde ein überhort.
ir muoter clegelîchiu wort
leit aber umbe ir schaden für
dem künge rîch von hôher kür,
si bat gerihtes unde sprach:
»lânt iuch mîn bitter ungemach
erbarmen, herre tugentrîch!
sit iu nie keiser wart gelîch
ûf erden an gerehtekeit,
sô rechet mir diz herzeleit,
daz ich ân alle schulde
von dem herzogen dulde
ûz Sahsen der hie vor iu stat
und âne reht vertriben hât
von liuten und von lande mich;
dur übermuot hôchverticlich
tuot er mir ungenâde schîn
er wil mich und die tohter mîn
an guote gar verderben
und alles des enterben
des wir ze lêhen solten hân.
swaz uns hier geltes wart verlân
von dem herzogen Gotfride,
der von getriuwes herzen lide
was unser beider friunt erkant,
der wil mit frevelicher hant

und unsagbaren Kummer
in ihrem Herzen
um ihre Untertanen und ihre Ländereien gehabt,
so wäre sie vollkommen
und ein Hort der Freude und Glückseligkeit gewesen.
Ihre Mutter berichtete
dem reichen und auserwählten König
mit klagenden Worten von ihrem Schaden.
Sie bat um ein Urteil und sprach:
»Edler Herr, erbarmt Euch meines bitteren
Unglücks, tugendreicher Herrscher.
Da Euch nie ein Kaiser auf Erden
an Gerechtigkeit gleich war,
so bitte ich Euch, rächt mein Herzleid,
das ich ohne Verschulden
von dem Herzog aus Sachsen erdulden muss,
der hier vor Euch steht.
Er hat mich unrechtmäßig aus dem Land
und von meinen Untertanen vertrieben.
Durch seinen überheblichen Stolz
fügt er mir Schaden zu,
er will mich und meine Tochter
von Hab und Gut trennen
und uns das Erbe nehmen,
das uns als Lehen zusteht.
Was uns an Besitz
von Herzog Gottfried hinterlassen wurde,
der aus treuem Herzen unser beider
Gönner war,
das will uns sein Bruder

verstôzen uns sîn bruoder doch;
und wizzen ez die liute noch
gelîche und algemeine,
daz uns der fürste reine
Gotfrit sîn lant besitzen hiez
und uns Brâbant zeim erbe liez
ê daz er fuor ûf gotes vart.
uns beiden ez gemachet war,
von sîner milten hende alsô
daz er uns gab brieve dô
daz wir des landes wielten
und iemer ez behielten
beid in gewalt und in gewer.
⟨seht⟩ alsus kêrte er über mer
und ist dâ leider tôt beliben.
sît hât sîn bruoder uns vertriben
mit roube und ouch mit brande.
er wil uns von dem lande
verstôzen sunder alle schult:
daz ir uns, herre, rihten sult
durch iuwer sælde küneclich.
lânt mîne tohter unde mich
gnâd unde reht beschouwen,
sô daz uns armen frouwen
belîbe guot liut unde lant,
daz uns von mînes herren hant,
der ein fürste was von art,
offenlich gemachet wart.«

Der herzog ûzer Sahsenlant
der rede antwürte bôt zehant

nun mit rücksichtsloser Gewalt wegnehmen.
Dabei wissen es die Leute,
übereinstimmend und insgesamt,
dass uns der edle Fürst Gottfried
das Land zum Besitz übertrug
und uns Brabant vererbte,
bevor er das Kreuz nahm.
Für uns beide hat er es so verfügt,
dass er uns in seiner Mildtätigkeit
Urkunden übergab,
die besagen, dass wir das Land verwalten
und als Besitzer und Herrscher
immer behalten sollten.
Danach reiste er über das Meer
und ist dort leider gestorben.
Seitdem hat uns sein Bruder
mit Brandschatzung und Raubzügen vertrieben.
Er will uns, ohne dass er ein Recht dazu hat,
aus dem Land verstoßen.
Darüber, Herr, sollt Ihr
mit Eurer königlichen Güte richten.
Lasst mir und meiner Tochter
Gnade und Recht zukommen,
sodass uns armen Frauen
das Land und die Leute bleiben,
wie es durch die Hand meines Gemahls,
der ein Fürst war,
öffentlich gemacht wurde.«
Der Herzog von Sachsen
antwortete darauf sogleich

schône und witziclîche alsô:
»got weiz wol, herre«, sprach der dô,
»daz ich unrehtes niht enger.
Brâbant gefüeret hât ⟨unz⟩ her
daz reht vil manec hundert jâr
daz drinne mac kein frouwe clâr
gebieten noch gewaltic sîn,
swie doch diu werde herzogîn
darûf mit flîze stelle
daz si des landes welle
mit ir hêrschefte phlegen.
sît daz mîn bruoder tôt gelegen
nu jensît meres leider ist,
sô diuhte mich des, wizze Crist,
von schulden ungebære,
daz ieman für mich wære
gewaltic in Brâbanden;
ez sol in mînen handen
belîben unde in mîner phliht.
wîb unde tohter erbent niht
die selben hôhen hêrschaft;
ein sun belîbet erbehaft
unde ein man darinne wol.
davôn ich ⟨nû⟩ billîhe sol
ein herzog unde ein herre sîn.
Gotfrit der ⟨liebe⟩ bruoder mîn
ist âne sun gescheiden hin:
dâvon ⟨sô⟩ heize ich unde bin
sîn erbe gar mit rehte,
wand ime ⟨ist⟩ von geslehte

mit klugen und gewählten Worten:
»Gott weiß wohl, Herr«, so sprach er
»dass ich nichts Unrechtes verlange.
In Brabant hat bis zum heutigen Tag
viele hundert Jahre das Recht gegolten,
dass es von keiner würdigen Frau
verwaltet und regiert werden darf.
Dennoch hält die edle Herzogin
mit Nachdruck daran fest,
die Herrschaft über dieses Land
übernehmen zu wollen.
Da nun mein Bruder leider
jenseits des Meeres gestorben ist,
scheint es mir, bei Gott,
ungebührlich und unrechtmäßig,
dass jemand an meiner Stelle
Brabant regiert,
das in meinen Händen
und unter meiner Verantwortung bleiben soll.
Frau und Tochter
können die Herrschaft nicht erben,
nur Söhne oder ein anderer männlicher Verwandter
sind erbberechtigt.
Deshalb sollte ich der rechtmäßige
Herzog und Herrscher sein.
Gottfried, mein lieber Bruder,
ist ohne Sohn gestorben:
Darum heiße ich und bin auch
sein rechtmäßiger Erbe,
weil es in der Familie

nieman sô nâhe sippe als ich.
warumbe sollte ieman für mich
gewaltic sîn ze Brâbant?
joch muoz dâ dienen mîner hant
alt unde junc, man unde wîp.
sît daz dekeiner frouwen lîp
besitzen sol daz fürstentuom,
sô wil ich sîner wirde ruom
an mich dâ ziehen unde lesen
und an mîns bruoder stete wesen
herzoge vil gewaltec,
des gülte manecvaltec
von erbe ûf mich gevallen sint.
swie gar von rehter ê sîn kint
mîn niftel sî, doch hât si niht
ze sîme lande stæter phliht
noch sol ze rehte es niht bewarn;
wand er ist âne sun vervarn
der sîniu lant besitzen
mit creften und mit witzen
von wâren schulden solte.
swer mir sîn erbe wolte
enphlœhen ûz der hende mîn,
er müeste vil gewaltec sîn
über mich naht unde tac.
den criec den ich geleisten mac
den muoz er iemer lîden,
ê daz ich welle mîden
daz reht vil manger hande
daz ich hân zuo dem lande.«

keinen näheren Verwandten gibt als mich.
Warum also sollte jemand an meiner Stelle
über Brabant herrschen?
Fürwahr, Alte und Junge, Männer und Frauen
müssen mir untertan sein.
Da keine Frau
das Fürstentum besitzen soll,
will ich die Würde und den Ruhm
an mich nehmen und vertreten
und an der Stelle meines Bruders
ein mächtiger Herzog sein,
dessen großer Besitz
mir als Erbe zugefallen ist.
Wenn auch meine Nichte sein Kind
aus gültiger Ehe ist, so hat sie doch
keinen bestehenden Anspruch auf sein Land
und soll nicht rechtmäßig darüber herrschen;
denn er ist ohne einen Sohn verstorben,
der über sein Land,
mit Kraft und Klugheit
rechtmäßig herrschen könnte.
Wer auch immer mir das Erbe
aus meiner Hand reißen will,
der müsste mir
Tag und Nacht überlegen sein.
Er müsste ewig unter dem Krieg leiden,
den ich dann gegen ihn führte,
bevor ich jemals
die vielen Rechtsansprüche aufgeben würde,
die ich auf das Land habe.«

Diu frouwe dô mit leide sprach:
»ze criege wære ich iu ze swach
und ouch mîn tohter leider.
ir wæret unser beider
und ouch der lantriviere
gewaltic worden schiere,
bestüenden wir iuch strîtes.
sô breites noch sô wîtes
betwinges wir niht beide hân,
daz iu getörste widerstân
mit urliug unser zweier lîp:
wir sîn zwei creftelôsiu wîp,
dâvon wir mügen niht urlogen
mit eime rîchen herzogen,
der guot hât unde sterke.
die nôt der künec merke
und helfe uns hier gerihtes.
wir beide enmuoten nihtes
wan daz uns ⟨unser⟩ reht geschehe,
und er geruohe daz er sehe
die brieve und der hantvesten craft,
dâmite uns wart diu hêrschaft
des landes wol bestætet.
sît im sîn triuwe rætet
êre und ganze wârheit,
sô lâze uns sîn gerehtekeit
von guote niht vertrîben,
und helfe uns armen wîben
daz wir behalten unser lant.
hie wirt geziuge vil bekant

Die Herrin sprach daraufhin betrübt:
»Für einen Krieg bin ich zu schwach
und meine Tochter leider auch.
Ihr hättet uns beide
und unsere Ländereien
schnell in Eurer Gewalt,
würden wir uns auf einen Kampf einlassen.
Weder hier noch dort
haben wir beide die Kraft,
dass wir es wagen könnten,
euch im Krieg Widerstand zu leisten.
Wir sind zwei schwache Frauen,
daher haben wir nicht die Stärke,
gegen einen mächtigen Herzog zu bestehen,
der die Mittel dazu hat und auch die Gewalt.
Der König möge unsere Not erkennen
und uns durch einen Rechtsspruch helfen.
Wir beide verlangen nichts,
außer dass uns Recht geschehe,
und er die Gültigkeit
der Urkunden und Dokumente prüfen möge,
mit denen uns die Herrschaft
über das Land bestätigt wurde.
Da Euch Eure Treue
zu Ehre und Wahrheit rät,
soll Euer gerechtes Urteil uns davor bewahren,
dass wir von unserem Besitz vertrieben werden,
und uns armen Frauen dabei helfen,
unser Land zu behalten.
Mit diesen wird bezeugt,

der dinge daz der herre mîn
uns beiden hât daz erbe sîn
mit frîer hant gemachet.
swer uns darüber swachet
und uns an ⟨gelte⟩ wil verhern,
daz sol der werde künec wern
und sîn gerihte manecvalt.
man tuot uns beiden hie gewalt,
daz wizzen die lantliute wol
und manec herre tugentvol,
vor den geschehen ist daz dinc,
daz uns des landes umberinc
Gotfrit ze rehtem erbe liez,
und uns Brâbant besitzen hiez,
ob er niht wider quæme.
gebære und ouch gezæme
was dannoch sîner frîen hant,
daz er sîn gelt gæb und sîn lant
swar in sîn wille trüege.
ez was niht ungefüege
ob wir an sîner hende
ân alle missewende
milte und gnâde funden.
gevangen noch gebunden
was der helt des mâles niht,
dô wir sîn lant in unser phliht
enphiengen von dem fürsten balt.
er hæte dannoch den gewalt,
daz er nâch sînem muote
mit lîbe und ouch mit guote

dass mein Ehemann
uns beiden das Erbe
aus freien Stücken vermacht hat.
Wer uns deshalb angreift
und uns unser Eigentum streitig machen will,
den möge der König
und sein ehrbares Gericht daran hindern.
Man tut uns beiden hier Unrecht,
das wissen unsere Landsleute
und viele tugendhafte Herren sehr gut,
vor denen der Vertrag entstand,
der besagt, dass uns Gottfried
das Land hier im Umkreis als Erbe überließ
und uns Brabant überantwortete
für den Fall, dass er nicht wiederkäme.
Sein Handeln und seine Haltung
folgten seinem freien Willen,
sodass er sein Eigentum und sein Land
dem geben konnte, wem er wollte.
Es war nichts Falsches dabei,
dass wir aus seiner Hand
ohne den geringsten Makel
Güte und Gnade erfuhren.
Weder gefangen noch gefesselt
war der Held zu diesem Zeitpunkt,
als der mutige Fürst sein Land
in unsere Obhut gab.
Er hatte damals sehr wohl die Befehlsgewalt,
dass er nach seinem Willen
mit den Untertanen und auch mit dem Besitz

moht unbetwungenlîche leben.
dâvon er uns getorste geben
sîn lant und sîne liute wol
daran der künec mîn herre sol
erbermiclichen hiute sehen,
und lâze uns hier daz heil geschehen
daz wir behalten unser habe,
die man uns hie wil brechen abe
gewalticlîche und âne reht;
er zeige uns sîn gerihte sleht
und sîner gnâden stiure,
oder uns wirt leider tiure
daz wir zeim erbe solten hân
wil niht sîn helfe uns bî gestân.«
Antwürte gab der künec dô
der frouwen unde sprach alsô:
»geloubent, werdiu herzogîn,
daz man iu ⟨hie⟩ gerihtes schîn
gerne und williclichen tuot.
iu sol der herzog iuwer guot
mit fride lân und iuwer lant,
daz fürstentuom ze Brâbant:
dâ ruoche er sich zuo ziehen,
unrehte sache fliehen
sol er dur unser aller bete.
wand ez gelimphes niht enhete
und âne fuoge wære,
ob er ze clagender swære
iuch bræhte ân alle schulde.
unreht ich kûme dulde

uneingeschränkt verfahren konnte.
Dass er den Mut hatte,
uns sein Land und seine Leute zu vermachen,
daran soll der König heute meinen Mann
als barmherzig erkennen
und uns das Glück zuteil werden lassen,
unseren Besitz zu behalten,
den man uns gewaltsam
und unrechtmäßig wegnehmen will.
Er möge uns sein klares Urteil
und den Beistand seiner Gnade geben
oder es wird uns teuer zu stehen kommen,
dass wir das Erbe haben sollten,
falls Eure Hilfe ausbleibt.«
  Der König antwortete
der Dame und sprach:
»Glaubt mir«, edle Herzogin,
dass man Euch hier gerne und bereitwillig
einen Gerichtsbescheid geben wird.
Euch soll der Herzog Euren Besitz
und Euer Land, das Fürstentum Brabant,
friedlich überlassen.
Er soll sich zurückziehen
und durch unser aller Wunsch
von seinem unrechten Vorhaben absehen.
Denn es war unangemessen
und falsch,
dass er Euch so grundlos
beklagenswertes Leid angetan hat.
Unrecht dulde ich keinesfalls

und mac sîn niht gelîden:
dâvon geruoche er mîden
gewalt und übermüetekeit.
swaz ime erteilent ûf den eit
die fürsten alle umb iuwer clage,
daz sol er âne widersage
dur mînen willen stæte lân.
iu beiden muoz hie reht getân
vor mînen ougen werden.
sît daz mich got ûf erden
zeime rihter hât gezelt
und ich ze künge bin erwelt,
sô weiz ich unde erkenne wol
daz ich dur wâre schulde sol
die crumben sache slihten
und einem armen rihten
als eime rîchen alle frist.
dâvon gebiute ich, wizze Crist,
dem ⟨fürsten⟩ ûzer Sahsenlant,
daz er mit minne sâzehant
den criec hie lâze scheiden.
hât er getân iu beiden
mit schedelicher ungedult
schaden iht ân alle schult,
daz werde von im widertân.
sult ir Brâbant zeim erbe hân,
daz lâze er iu, so tuot er wol;
ist aber daz er haben sol
die selben lantriviere,
sô neme er si vil schiere,

und werde es nicht zulassen:
Deshalb soll er von
Gewalt und Überheblichkeit absehen.
Was auch immer die Fürsten
aufgrund Eurer Klage unter Eid urteilen,
dem soll er sich ohne Widerspruch
gemäß meinem Willen fügen.
Euch beiden muss hier
vor meinen Augen Recht geschehen.
Da mich Gott auf Erden
zum Richter ernannt hat
und ich zum König gewählt worden bin,
weiß ich und erkenne das an,
dass ich dazu verpflichtet bin,
Ungerechtigkeiten zu beseitigen
und für alle Zeit einem Armen genauso
wie einem Reichen zu seinem Recht zu verhelfen.
Gott sei mein Zeuge,
dass ich dem Fürsten aus Sachsen befehle,
im gegenseitigen Einverständnis
den Krieg sofort zu beenden.
Alles, was er Euch beiden
durch seinen verheerenden Zorn
ohne Euer Verschulden an Schaden zugefügt hat,
soll von ihm wieder ersetzt werden.
Wenn es so ist, dass Ihr Brabant zum Erbe habt,
soll er es Euch lassen, dann handelt er richtig.
Ist es aber so,
dass die selben Ländereien ihm zustehen,
soll er sie sogleich annehmen,

und sî dâmite an dirre zît
gescheiden iuwer beider strît.«
Der herre wolgewahsen,
der fürste rîch von Sahsen
sprach aber als ein frevel helt:
»herr ich tuon allez daz ir welt,
wan daz ich nicht ûz mîner hant
daz fürstentuom ze Brâbant
als üppiclîhe lâze.
ich hân wol in der mâze
rehtes zuo der hêrschaft,
daz ich mit aller mîner craft
daz lant ⟨sol⟩ schirmen unde wern
swer mich dâ geltes wil verhern
daz ûf mich gevallen ist,
der muoz ze dirre selben frist
mit bitterlichen swertes slegen
mich ûz mînem rehte wegen
und von dem criege trîben.
Brâbant muoz mir belîben
oder ich darumbe ligen tôt.
man sol des herten kamphes nôt
den criec noch hiute scheiden lân.
⟨ob⟩ ieman welle mich bestân,
der kome her, ich bin bereit,
daz ich des kamphes arebeit
wil dulden unde lîden.
ê daz ich welle mîden
mîn erbeschaft ân endes zil.
swer mit dem eide erziugen wil

so dass Euer Streit hiermit
noch heute geschlichtet wird.«
Der hochgewachsene
und reiche Fürst von Sachsen
antwortete daraufhin unverfroren:
»Herr, ich tue alles, was Ihr befehlt,
außer dass ich das Fürstentum Brabant
nicht so leichtfertig
aus meiner Hand geben werde.
Ich habe ausreichend
Anspruch auf die Herrschaft,
sodass ich es mit all meiner Kraft
beschützen und verteidigen werde.
Wer mir den Besitz streitig machen will,
der mir zugefallen ist,
der muss mich hier und jetzt
mit einem heftigen Schwertkampf
von meinem Recht abbringen
und mich vom Krieg abhalten.
Brabant muss mir gehören,
oder ich will tot sein.
Durch einen harten Zweikampf
soll noch heute der Streit entschieden werden.
Will jemand gegen mich antreten,
der soll herkommen, ich bin eher dazu bereit,
die Mühe des Kampfes
zu erdulden und auf mich zu nehmen
als für immer
auf meine Erbschaft zu verzichten.
Wer mit einem Eid bezeugen will,

daz mîn niht heize Brâbant,
dem wirt genomen ab sîn hant
schier ⟨unde⟩ in kurzer stunde.
hie muoz ein tœtlich wunde
bewæren ûf ein ende
und hant engegen hende,
wer disen criec beherten müge.
an brieve lieze ich unde züge
vil harte ungerne mîniu reht:
man schrîbet an ein permint sleht
swes man geruochet unde gert,
mit dem sô wære ich ungewert
des guotes und der gülte mîn.
hie sol die werde herzogîn
ir einen kemphen hiute nemen,
und lâze mir und im gezemen
daz dirre criec gescheiden
werde von uns beiden,
alsô daz wir hier strîten:
und swer bî disen zîten
die sigenunft ervehte,
der habe daz lant ze rehte
und dâ ⟨ze⟩ Brâbant heizet
und uns ze strîte reizet.«
Diu frouwe von der rede erschrac,
wand ir daz dinc sô nâhe lac
daz sich der criec ze kamphe zôch,
wan der Sahsen fürste hôch
schein alsô crefte rîche
daz niender sîn gelîche

dass Brabant mir nicht zusteht,
dem wird sogleich und ohne Zögern
die Schwurhand abgeschlagen.
Eine todbringende Wunde
wird dem ein Ende bereiten,
nur durch einen Zweikampf
kann der Streit entschieden werden.
Durch Urkunden lasse ich mich nicht
in meinem Recht einschränken.
Man schreibt leicht auf ein blankes Pergament,
was einem beliebt oder was man begehrt,
ginge es danach, so hätte ich
keinen Besitz und kein Einkommen.
Hier und heute soll die edle Herzogin
einen Kämpfer wählen
und es mir und ihm überlassen,
dass dieser Streit
von uns geschlichtet wird,
indem wir miteinander kämpfen.
Derjenige, der hier
den Sieg erringt,
der soll das Land rechtmäßig besitzen,
das Brabant heißt
und das der Grund für unseren Streit ist.«
Die Dame erschrak über diese Rede
weil es ihr sehr nahe ging,
dass sich der Krieg zum Zweikampf wandelte,
und weil der große Fürst von Sachsen
so stark und kräftig war,
dass kein Ritter

lebt über allez Niderlant,
und man dekeinen ritter vant
als ellenthaft ze Sahsen.
er was sô langgewahsen
daz er ze risen wart gezelt,
dâvon den strîtbæren helt
nieman getorste dô bestân.
diu frouwe keinen mohte hân
der mit im strîtes phlæge;
des wart an fröuden træge
daz werde wîp von hôher art.
der künec selber trûric wart
daz man dô kemphen solte,
wand er gelouben wolte
daz nieman würde funden
sô frecher bî den stunden
der für die frouwen væhte
und ⟨ûz⟩ ir muote bræhte
sorge und bitter ungemach.
dâvon er dô mit leide sprach:
»frouwe, ir hânt gehœret wol
daz dirre criec gescheiden sol
mit kamphe werden hiute.
des manent iuwer liute
⟨mich⟩ mit gebote und ouch mit bete,
daz für iuch etelicher trete
und iuch mit sîner hant verwese,
dur daz hie deste baz genese
an fröuden iuwer herze guot,
dem ⟨nû⟩ von schulden hôher muot

in den Niederlanden lebte,
der sich mit ihm vergleichen
und mit dem Sachsen messen konnte.
Er war so groß gewachsen,
dass er für einen Riesen hätte gehalten werden können,
deshalb wagte es niemand,
gegen den kampferprobten Helden anzutreten.
Die Dame konnte niemanden finden,
der gegen ihn kämpfen wollte:
das nahm der Hochgeborenen
jegliche Freude.
Der König selbst war darüber traurig,
dass man nun kämpfen musste,
denn er konnte es nicht glauben,
dass man sobald jemanden finden würde,
der so mutig wäre,
die Frau zu beschützen
und sie zu befreien
von den Sorgen und vom Kummer.
Deswegen sprach er bekümmert:
»Herrin, Ihr habt es wohl gehört,
dass dieser Streit noch heute
durch einen Kampf entschieden werden soll.
Fordert Eure Gefolgsleute
durch Befehle oder auch mit Bitten dazu auf,
dass einer von ihnen vortritt
und Euch mit seiner Hand verteidigt,
damit dies hier ein gutes Ende nehmen kann
und Euer Herz wieder Freude gewinnt,
die ihm durch die Umstände

muoz fremden unde leiden.
liez aber anders scheiden
den criec der herzog ellenthaft,
daz wolte ich und mîn ritterschaft
verdienen iemer wider in.«
»nein!« sprach der ⟨fürste⟩, »ich hân den sin
daz ich ê sterben wolte,
ê sunder kamph hie solte
diz dinc verslihtet werden.
swer mich von mîner erden
wil trîben unde ûz mîner habe,
der wizze daz ich niemer abe
iht stôzes im gedinge.
hier muoz in eime ringe
der kamph benamen enden
mit swerten und mit henden.«
  Diu frouwe sich dô schiere entstuont,
als noch die wîsen alle tuont,
daz si müest einen kemphen hân,
oder aber von ir lande gân
und von ir erbeschefte.
deiswâr mit leides crefte
diu schœne dô begunde
an der selben stunde
in sorgen vaste ringen.
sie liez alumbe swingen
ir lûterbæren ougen,
ob si dâ sunder lougen
dekeinen ritter sæhe
von dem ir trôst geschæhe

fremd und leid geworden ist.
Falls der tapfere Herzog
diesen Krieg aber anders beilegen wollte,
würde ich mich ihm mit all meinen Rittern
immer verbindlich zeigen.«
»Nein«, rief der Fürst,
»lieber möchte ich sterben,
bevor diese Angelegenheit
ohne Kampf entschieden werden sollte.
Wer mich von meinem Land
und meinem Besitz trennen will,
der soll wissen, dass ich das niemals
ohne Kampf werde geschehen lassen.
Der Streit muss hier und jetzt
mit Schwertern und mit Fäusten
auf einem Kampfplatz entschieden werden.«
Da verstand die Dame sehr schnell,
wie es die Klugen immer tun,
dass sie entweder einen Kämpfer brauchte,
oder aber ihr Land
und ihre Erbschaft aufgeben musste.
Wahrlich, trotz des großen Leids
quälten die Schöne
von diesem Augenblick an
noch größere Sorgen.
Sie ließ ihren Blick
umherschweifen,
ob sie nicht doch
einen Ritter fände,
von dem sie Trost und

und helferîchiu stiure.
diu clâre und diu gehiure
stuont als ein wildez velkelîn,
daz nâch der ⟨lîp⟩narunge sîn
ûf einer hende wartet.
ir liuten wart gezartet
von ir mit minniclicher bete
dur daz ir ⟨dâ⟩ geholfen hete
ir etеslicher bî der zît.
si stuonden alle in widerstrît,
sô daz dekeiner an ir stat
ze strite noch ze kamphe trat.
 Alsô ir tohter daz ersach
daz in kein helfe dô geschach
ûz der massenîe,
dô wart diu wandels frîe
beswæret in ir muote
sô vaste daz diu guote
gar inniclichen weinde
und grimme clage erscheinde
mit herzen und mit munde.
diu schœne bî der stunde
vil jâmers kunde vinden,
dô nieman ⟨in⟩ enbinden
wolte ir strengez ungemach.
diu magt erbermiclîche sprach:
»nu riuwe ez got den werden,
daz nieman ûf der erden
ist alsô rehte guoter
der mir und mîner muoter

Unterstützung erhalten könnte.
Die Edle und Liebliche
stand da wie ein junger Falke,
der nach seiner Nahrung
auf einer Falknerhand Ausschau hält.
Ihre Leute wurden
mit innigen Bitten umschmeichelt,
sodass ihr etliche
gerne geholfen hätten.
Aber alle standen mit sich derart im Widerstreit,
dass keiner für sie
in den Kampf zog.
Als ihre Tochter sah,
dass von ihrer Gefolgschaft
keine Hilfe zu erwarten war,
betrübte dies
die Tadellose so sehr,
dass die Edle anfing
herzzerreißend zu weinen
und aus ganzem Herzen
laut zu klagen.
Die Schöne empfand nun
sehr großen Kummer darüber,
dass niemand sie aus ihrem
tiefen Unglück befreien wollte.
Das Mädchen sprach Mitleid erregend:
»Nun möge es sogar Gott betrüben,
dass niemand hier
so wohlgesinnt ist,
um mir und meiner Mutter

ze helfe kome hiute.
wir hân vil dienestliute
und lützel nôtgestalden.
sô frechen noch sô balden
hân wir dekeinen ritter
der unser angest bitter
beriuwen lâze sîniu lit.
wê daz der fürste Gotfrit,
der mîn getriuwer vater hiez,
uns beiden sô vil gülte liez,
und wir doch nieman vinden
sô milten noch sô linden
der unser leit erbarme noch!
nu schuof mîn werder vater doch
mit hôher und mit rîcher maht
daz er Jerusalêm ervaht
und er dâ wart gecrœnet;
sîn herze was beschœnet
mit ⟨al⟩sô hôher tugent wer,
daz im daz himelische her
ze helfe quam mit crefte
und sîner ritterschefte
vil stiure zuo liez fliezen.
sul wir des niht geniezen,
ich und diu liebe muoter mîn,
daz müeze got von himel sîn
gar inniclîche hier geclaget.
an uns sint alle die verzaget
der helfe uns solte bî gestân.
sît wir nu keinen ritter hân

heute zu Hilfe zu kommen.
Wir haben so viele Dienstleute,
aber keine Helfer in der wahren Not.
Wir haben keinen Ritter,
der so mutig und so kühn ist,
dass er unsere Bedrängnis
bedauert und uns beisteht.
Weh uns, dass Fürst Gottfried,
mein treuer Vater,
uns beiden einen so großen Reichtum hinterließ,
wir aber doch niemanden finden,
der so gütig und wohlwollend ist,
dass er sich unsrer erbarmt.
Mein edler Vater hat
mit Gottes Beistand und gewaltiger Macht
Jerusalem erobert
und wurde dort zum König gekrönt;
Sein Herz war geadelt
mit dem Besitz so großer Tugend,
dass ihm die himmlischen Heerscharen
mit ganzer Kraft zu Hilfe gekommen,
und ihn in seiner vorbildlichen Ritterlichkeit
unterstützt haben.
Sollten ich und meine liebe Mutter
nichts davon haben,
so sei das auch vor Gott
bitterlich beklagt.
Alle, die uns helfen sollten,
haben den Mut verloren.
Da wir nun keinen Ritter haben,

der für uns kemphen müeze,
sô ruoche uns got der süeze
mit sîner tugent listen
beschirmen unde fristen
vor schedelichen freisen.
der witwen unde weisen
lât iemer sich erbarmen,
der helfe mir vil armen
vaterlôsen kinde,
daz ich genâde vinde
an sîner hende milte:
er sî ze frideschilte
mir gegeben hiute,
sô daz ich mîne liute
und mîniu lant behalte
vor craft und vor gewalte.«
  Die rede treib diu schœne maget.
von ir sô tiure wart geclaget
ir inniclîchiu swære,
daz manec ritter mære
mit ir begunde weinen
und grimme clage erscheinen
mit herzen und mit munde.
Nu daz alsô die blunde
gestuont mit clegelicher nôt
und ir dô nieman helfe bôt,
dô stuont der ritter ûf zehant
der von dem swanen in daz lant
was gefüeret unde brâht.
er hæte sich des vor bedâht

der für uns kämpfen will,
möge uns der gütige Gott
mit seiner weisen Tugend
beschützen und uns
vor schrecklichen Gefahren bewahren.
Der, der sich immer
der Witwen und Waisen erbarmt,
möge auch mir
vaterlosem Kind helfen,
damit ich durch seine mildtätige Hand
Gnade erhalte.
Er soll heute mein Beschützer sein,
so dass ich
meine Leute
und mein Land heute
vor Übergriffen und Gewalt bewahren kann.«
So sprach das schöne Mädchen.
Sie klagte so ergreifend
über ihre schwere Not,
dass so manche berühmte
Ritter mit ihr weinten
und aus ganzem Herzen
heftig klagten.
Als die Liebliche
nun so voller Jammer dastand
und ihr doch niemand seine Hilfe anbot,
stand plötzlich der Ritter auf,
der von dem Schwan geführt
und ins Land gebracht worden war.
Er hatte sich schon vorher dazu entschlossen,

daz er dô wolte ir kemphe sîn.
er sprach: »vil werdiu herzogîn
beitet guotlîche!
joch bin ich in daz rîche
dur daz nu komen und gesant
daz ich beschirmen iuwer lant
mit kamphe wil noch hiute.
sît iuwer dienestliute
iuch hânt verlâzen âne trôst,
sô triuwe ich gote daz erlôst
werd iuwer lant von mîner craft.
ir müezent werden sigehaft
und überwinden iuwer nôt,
oder ⟨aber⟩ ich wil ligen tôt
für iuch beide an dirre zît.
wil ieman komen an den strît
und zeime kamphe wider mich,
der île ⟨eht⟩ und bereite sich:
ich hân des willen unde muot
daz ich benamen iuwer guot
vor allem ungevelle
mit kamphe schirmen welle.«
Von disen worten alsô frô
wurden die zwô frouwen dô
daz si vor liebe weinden.
die clâren wol erscheinden
daz ir gemüete in fröuden swanc.
genâde und flîziclichen danc
dem ritter si dô seiten,
daz er vor arebeiten

ihr Kämpfer zu sein.
Er sprach: »Edle Herzogin,
seid beruhigt.
Wahrhaftig, ich bin in das Land
gekommen und gesandt worden,
damit ich es noch heute
im Kampf beschützen kann.
Da Euch Eure Dienstmänner
ohne Unterstützung gelassen haben,
so traue ich mir, mit Gottes Beistand, zu,
eurer Land durch meine Kraft zu erlösen.
Ihr sollt siegreich sein
und Eure Not beenden können,
oder ich will noch heute
für Euch beide sterben.
Will sich jemand mit mir messen,
und sich zum Kampf stellen,
so soll er sich beeilen und sich vorbereiten:
Ich habe den Willen und den Mut,
eure Ländereien tatsächlich
mit einem Kampf
vor allem Unglück zu beschützen.«
Über diese Worte
waren die Frauen so glücklich,
dass sie vor lauter Dankbarkeit weinten.
Die Edlen zeigten deutlich,
wie sehr sie sich darüber freuten.
Glücklich und immer wieder
dankten sie dem Ritter,
dass er sie vor den Nöten

si wolte schirmen unde friden.
er wart an ougen unde an liden
guotlîche von in zwein gekust.
Des wart in sînes herzen brust
der herzog ûzer Sahsenlant
ûf zorn gereizet alzehant,
dâvon er dô mit grimme sprach:
»her gast, daz ir mîn ungemach
sô wildiclichen duldet,
daz hân ich unverschuldet,
wand ich getete iu nie kein leit.
ir sît ze balde ûf mich bereit
ze kamphe und zeime strîte.
swaz mir vor langer zîte
mîn alten veter hân verlân,
werd ich des frî von iu getân
mit freveliches herzen gir,
sô quâment ir ze früeje mir
in dirre lantriviere phliht.
daz rede ich doch darumbe niht
daz ich strîtes welle entbern:
sît daz ir kamphes wellent gern,
sô sît ir mir gemæze.
ob ich ze sêre entsæze
an diz wunderlîche dinc,
daz iuch her in des landes rinc
gefüeret hât ein wilder swan,
sô wære ich ein verzagter man
des lîbes und des muotes.
ich lâze iu niht mîns guotes

bewahren und schützen wollte.
Er wurde von ihnen beiden
dankbar auf die Augen und die Hände geküsst.
Darüber wurde
der Herzog aus Sachsen
sogleich so zornig,
dass er voller Ingrimm sprach:
»Herr Gast, dass Euch meine Not
so wenig kümmert,
dafür kann ich nichts,
weil ich Euch noch nie ein Leid angetan habe.
Ihr habt Euch zu schnell
für den Kampf gegen mich bereit erklärt.
Wenn Ihr mir das, was mir vor langer Zeit
mein alter Vetter vermacht hat,
wegnehmen wollt,
durch die Gier eines missgünstigen Herzens,
so habt Ihr allzu schnell
die Fürsorge für dieses Land übernommen.
Das sage ich jedoch nicht,
um einem Kampf auszuweichen,
wenn Ihr unbedingt kämpfen wollt,
seid Ihr mir durchaus recht.
Würde mich diese
wunderliche Begebenheit einschüchtern,
dass Euch ein wilder Schwan
in das Land geführt hat,
wäre ich ein durch und durch
feiger Mann.
Ich lasse deshalb nicht meinen Besitz

darumbe ûz mîner klouber,
daz iuwer fremdez zouber
⟨iuch⟩ âne schedelichez wê
gefüeret hât her über sê.«
  Der gast der rede antwürte bôt,
er sprach: »ir lâzent sunder nôt
unhövescheit an iu gesigen.
daz ir mich zoubers hânt gezigen,
daz wil ich rechen ob ich mac:
got weiz wol daz ich nie gephlac
dekeiner galsterîe.
swie vaste iuch êren frîe
mit unzühten iuwer lîp,
doch wil ich disiu werden wîp
vor iu beschirmen hiute.
ir müezent in ir liute
mit fride lâzen unde ir lant,
mir breste danne in mîner hant
von grôzem ungelücke
diz swert in cleiniu stücke
daz ich gefüeret hân dâher.
ob iuwer lîp nu kamphes ger,
als ir iuch hânt gerüemet,
sô werdent hier geblüemet
in wâpencleider wünniclich
sô zierent ⟨iuch⟩, und sloufe ich mich
in die stahelringe mîn.
kein dinc mag anders hier gesîn
wan ⟨daz⟩ der eine tôt gelige
und im der ander an gesige.«

aus meiner Hand,
nur weil Euch ein fremder Zauber
unversehrt
über das Meer geführt hat.«
Der Gast gab folgende Antwort und sprach:
»Ihr lasst ohne Notwendigkeit
Unhöflichkeit über Euch siegen.
Dass Ihr mich der Zauberei beschuldigt,
das werde ich rächen, wenn ich kann:
Gott weiß, dass ich nie
irgendeine Zauberei betrieben habe.
So wie Euch Euer verwerfliches Handeln
ehrlos macht,
will ich noch heute die edlen Frauen
vor Euch beschützen.
Ihr sollt ihnen ihre Leute
und ihr Land in Frieden lassen,
es sei denn, das Schwert,
das ich hergebracht habe,
würde in meiner Hand
durch großes Unglück in kleine Stücke zerbrechen.
Wenn Ihr einen Kampf nun dermaßen begehrt,
wie Ihr Euch gerühmt habt,
so schmückt Euch
mit vortrefflichen Waffenkleidern,
so wie auch ich
mir die Rüstung anlege.
Nichts anderes kann hier nun sein,
als dass einer von uns stirbt
und der andere siegt.«

Mit disen worten unde alsô
die zwêne ritter wurden dô
vil wol bereit ûf einen strît,
sô daz in beiden an der zît
niht eines ringes dâ gebrast.
den künec bat der werde gast
daz er im lihe ein ros zehant,
wand er dekeinez in daz lant
mit im gefüeret hæte.
dô sprach der êren stæte
Karle wider in alsô,
daz er geruochte selber dô
daz beste ûz sînen rossen weln.
er hiez im bringen unde zeln
vil mangez dar besunder,
sô daz im keinez drunder
ze strîte lützel tohte,
wand ez sich niht enmohte
enthalten sîner drücke:
swenn er im ûf den rücke
durch versuochen vaste greif,
sô seig es nider unde sleif
zer erden under sîner hant.
ze jungest einez wart bekant
vil schiere sînen ougen,
daz sich dâ sunder lougen
vor sîme drucke wol enthielt
und alsô grôzer crefte wielt
daz in des dûhte ez wære guot.
daz nam der ritter hôchgemuot

Gleich nach diesen Worten
wurden die zwei Ritter
sehr sorgfältig für den Kampf vorbereitet,
damit ihnen später
kein Ring aus dem Kettenhemd brechen würde.
Der Gast bat den König,
ihm ein Ross zu leihen,
weil er keines mit sich
in das Land geführt hatte.
Das sprach der ruhmreiche
Karl zu ihm,
dass er selbst
das beste von seinen Rössern auswählen möge.
Er lies ihm einige
vorzügliche bringen und vorführen,
aber es war keines darunter,
das einigermaßen für den Kampf geeignet schien
und das einer Druckprobe
standhalten konnte:
Sobald er einem zur Prüfung
mit der Hand auf den Rücken drückte,
sank es nieder und ging
durch die Kraft seiner Hand zu Boden.
Schließlich sah er eines,
das ihm zusagte
und das ohne jeden Zweifel
seinen Druck aushielt
und so kräftig war,
dass er es für das richtige befand.
Dieses nahm der edelsinnige Ritter

gerne und williclîchen dâ:
vil schône grîs und aphelgrâ
sô schien daz ros von sneller art,
vierschœtec ez bekennet wart
von vorne zuo der brüste wît.
ez wart von im ûf einen strît
vil wol bedecket und bereit,
er leite sîniu wâpencleit
dâ selber snelliclichen an:
sîn zeichen was ein wîzer swan
von hermîne blanc gesniten,
und was sîn covertiur gebriten
von sîden swarz alsam ein kol.
mit zobel was verdecket wol
sîn niuwer wünniclicher schilt,
und lûhte ab im das selbe wilt
daz von den wâpencleiden sîn
bôt einen liehten, blanken schîn
und im gelîch erlûhte.
der ritter selber dûhte
gestôzen unde niht ze lanc,
sîn varwe schein rôt unde blanc,
und was sîn hâr brûn unde reit.
er hæte sîniu wâpencleit
vil snelliclîche an sich genomen
und was herab dem hûse komen
geswinde ûf einen grüenen plân.
man sah den ritter wolgetân
des swanen houbet mit dem cragen
ûf sîme glanzen helme tragen.

gerne und freudig an:
schön und grau gescheckt
war das flinke Ross,
groß und kräftig,
und mit einer breiten Brust.
Es wurde von ihm für den Kampf
gerüstet und vorbereitet.
Dann legte der Ritter geschwind
selbst seine Rüstung an.
Sein Wappen war ein weißer Schwan,
geschnitten aus weißem Hermelin,
die Covertiure hingegen
war schwarz wie Kohle.
Mit schwarzem Zobel verziert
war sein neuer vornehmer Schild
und von ihm leuchtete dasselbe Tier,
das auch gleichermaßen
hell und glänzend
von der Rüstung strahlte.
Der Ritter selbst
war kräftig, gerade richtig groß,
seine Hautfarbe war hell und ein wenig gerötet,
seine Haare waren braun und gelockt.
Er hatte seine Rüstung
ganz schnell angelegt
und war eilig von der Burg
auf die grüne Wiese gekommen.
Man sah den ansehnlichen Ritter
einen Schwanenkopf samt Hals
auf seinem glänzenden Helm tragen.

Alsus quam er ze velde
mit offenlicher melde
geriten bî der zîte.
nu het ouch sich ze strîte
bereit der fürste ûz Sahsenlant
und îlte gegen im zehant
geblüemet schône dort herdan:
er fuorte wâpencleider an
von samîte unmâzen guot.
sîn ros vor wandel was behuot,
wand es war frîlich unde frech.
es lûhte alsam ein swarzez bech
un lief ⟨reht⟩ als ein snellez wilt.
der herzog einen tiuren schilt
von zweier varwe stücken
dô für sich kunde drücken
nâch ritterlichem rehte.
sîn halbez teil strîfehte
von zobel und von golde was,
daz ander stücke, als ich ez las,
daz war durliuhtic wîz hermîn,
und was von zobel rehte drîn
geleit ein halber adelar.
der fürste wolgezieret gar
ûf sîme glanzen helme cluoc
von eines phâwen zagel truoc
zwô wünniclîche stangen,
bedaht und umbevangen
mit golde lieht und edele
biz an die zwêne wedele

So kam er schließlich
mit öffentlicher Ankündigung
zum Turnierplatz geritten.
Inzwischen hatte sich auch
der Fürst aus Sachsen für den Kampf vorbereitet
und eilte ihm sogleich
schön gerüstet und geschmückt entgegen:
Er trug über der Rüstung ein Oberkleid
aus edelstem Samt.
Sein Pferd scheute nicht,
denn es war stark und kühn.
Es leuchtete wie schwarzes Pech
und galoppierte wie ein flinkes Wild.
Der Herzog trug einen kostbaren Schild,
aus zwei farbigen Hälften
gemäß ritterlichem Recht
kampfbereit vor sich her.
Die eine Hälfte
bestand aus Streifen von Zobel und Gold,
die andere, so las ich,
war aus strahlend weißem Hermelin,
auf dem das Bild eines halben Adlers
aus Zobelfell befestigt war.
Der sorgfältig geschmückte Fürst
trug auf seinem prächtigen, schönen Helm
zwei herrliche Federn
aus einem Pfauenrad.
Sie waren bis zu den Augenflecken
bedeckt und umhüllt
mit glänzendem und edlem Gold,

der phâwenspiegel viderîn,
die glanzen, wünniclichen schîn
ûf der planîe bâren.
die stangen beide wâren
ûf den helm dur liehten prîs
geschrenket schône in criuzewîs.
Mit dem zimiere quam gezoget
der Sahsen herzog unde ir voget
und suohte sînen kamphgenôz.
er reit ein ros unmâzen grôz,
und schein er selbe ein michel man.
er fuorte wâpencleider an
diu wol ze prîse tohten.
hie wart von in gevohten
ûf der plânîe grüene.
die zwêne ritter küene
diu ros zesamne twungen,
sô daz si beidiu sprungen
unmæziclichen harte.
gesezzen an die warte
die frouwen wâren beide,
ûf der geblüemten heide
von liuten was ein michel rinc,
dur daz man strîtbærlîchiu dinc
darinne trîben solte.
ir künec selbe wolte
ir kemphen gerne schouwen dâ.
der himel einvar unde blâ
schein so rehte fîn lâzûr.
dô wart ein strîten alze sûr

und boten so dem Kampfplatz
einen leuchtenden und herrlichen Schein.
Die beiden Federn
waren zudem
kunstvoll überkreuzt
am Helm befestigt.
Mit diesem Helmschmuck
kam der Herzog, gemeinsam mit dem König,
zu seinem Gegner.
Er ritt ein außerordentlich großes Pferd,
denn er selbst war ein großer Mann.
Er trug Wappenkleider,
die durchaus gepriesen werden konnten.
Sie begannen nun
auf der grünen Wiese zu kämpfen.
Die zwei tapferen Ritter
gaben ihren Pferden
dermaßen die Sporen,
dass sie aufeinander ungestüm zurasten.
Die beiden Frauen
schauten zu,
auf der blühenden Wiese
wurde von den Leuten ein großer Kreis gebildet,
in dem der Kampf
ausgetragen werden sollte.
Auch der König selbst
wollte ihnen beim Kämpfen zusehen.
Der Himmel strahlte einfarbig blau,
wie ein edler Lasurstein.
Es entfachte sich ein bitterer Kampf

von den zwein widersachen.
der plân der mohte erkrachen
von der snellen rosse louf.
schûm unde bluot dâ nider trouf
daz in wart ûz gehouwen.
die kemphen liezen schouwen
vil ritterlîche tücke:
sam ob si wæren flücke,
sô flugen in die schenkel;
si kunden bein und enkel
zetal und ûf gefüeren
und mit den sporn gerüeren
diu snellen ros frech unde balt.
rîlîchiu sterce manecvalt
wart an ir tjost erzeiget,
gesenket und geneiget
die schefte wurden hin zetal.
si trâfen ûf des schildes wal
einander beide mit den spern,
als ir gemüete kunde gern
unde ir ellenthafter sin.
der Sahse wart gestochen hin
dâ man den helem stricket,
daz er vil nâch genicket
was von dem Sattel hindersich.
dâwider sô geriet der stich
den er getân het ûf den gast,
alsô daz im daz sper zebrast
enmitten ûf dem schilte sîn.
die schefte in cleiniu stückelîn

zwischen beiden Widersachern.
Der Kampfplatz erbebte
unter dem schnellen Galopp der Rösser.
Schaum und Blut tropfte
aus ihren geschlagenen Wunden.
Die Kämpfer zeigten
vielerlei ritterliche Kampfkünste.
Als ob sie fliegen würden,
so drückten sie mit den Schenkeln:
sie bewegten Beine und Füße
auf und ab und trieben so
die schnellen und unerschrockenen Pferde
mit den Sporen an.
Herrliche und große Kampfkraft
konnte man bei diesem Zweikampf sehen,
ihre Lanzen
wurden da gesenkt.
Mitten in die Wölbung ihrer Schilder
trafen einander beide mit der Waffe,
ganz so, wie es ihrem heldenhaften Sinn
und ihrem Mut entsprach.
Der Sachse wurde
an der Naht des Helms getroffen,
so dass er beinahe hinterrücks
aus dem Sattel geworfen worden wäre.
Im Gegenzug geriet der Stich,
den dieser gegen den Gast ausführte,
so, dass ihm die Lanze
mitten auf dem Schild zersplitterte.
Die Lanzen zerbarsten in kleine Stücke

unde in spæne sich zercluben
sô daz ab in ze berge stuben
die schivern und die sprîzen.
darnâch die ritter flîzen
der swerte sich begunden,
diu si geswinde kunden
gezücken ûz den scheiden.
sich huob dô von in beiden
alsô vermezzenlicher strît
daz man enweder ê noch sît
sô grimmes vehtens nie gesach.
der eine sluoc, der ander stach
ûz hôher mannes crefte.
si phlâgen ritterschefte
mit herzen und mit henden,
man sach si wunder enden
mit strîte ûf der plâniure.
dô stoup von wildem fiure
vil manec gneiste rôtgemâl,
diu mit ir swerten sunder twâl
ûz ir gewæfen wart getriben.
die ritter müezic niht beliben,
wan si vâhten um daz leben:
slac under slac wart dô geweben
und stich geflohten under stich.
ûf die wolken übersich
die slege lûte erhullen.
die von den swerten schullen.

Die kamphgesellen beide
einander ûf der heide

und Späne,
sodass die Schiefer und Splitter
nur so durch die Luft stoben.
Daraufhin begannen die Ritter heftig
mit den Schwertern zu kämpfen,
die sie eilig
aus den Scheiden zogen.
Es entbrannte zwischen den beiden
ein derartig verbissener Kampf,
dass man weder davor noch danach
ein so grimmiges Fechten gesehen hat.
Der eine schlug, der andere stach,
beide mit gewaltiger Manneskraft.
Sie übten ihre Ritterschaft
mit dem Herzen und den Händen aus,
bewundernswerte Kampfkunst
sah man da auf dem Turnierplatz.
Wie bei einem wilden Feuer
flogen viele rote Funken,
die furchtlos
aus ihren Waffen geschlagen wurden.
Die Ritter ruhten sich nicht aus,
denn sie fochten auf Leben und Tod.
Schlag um Schlag wurde da gewoben
und Stich unter Stich geflochten.
Bis in die Wolken über ihnen
hallten laut die Schläge,
die von den Schwertern ertönten.
Die beiden Kämpfer trieben einander
auf der Wiese

sich triben ümbe und ümbe.
si suochten wilde crümbe
und wunderlîche creize.
von slegen wart in heize
und von stichen wê getân.
mit stahelringen wart der plân
beströuwet und mit spænen.
si wolten alle wænen
der gast der viele tôt dâhin,
wan der herzog über in
was alsô langgewahsen:
des wart im von dem Sahsen
ein slac gemezzen und gegeben
daz man für sîn erweltez leben
genomen hæte ein halbez ei.
den schilt den spielt er im enzwei
mit alsô crefticlichen staten,
daz im durch halsberg und durch platen
daz swert biz ûf das spalier dranc.
hæt er den ungefüegen swanc
genomen hœher ûf den schilt,
weizgot sô müeste dô verspilt
den linken arm der ritter hân.
daz ûf den schilt der slac getân
wart niderhalp der riemen
daz schuof daz in dô niemen
geschouwen mohte sunder arm.
den swanen blanc ⟨reht⟩ als ein harm,
der ûf dem swarzen schilte lac,
den spielt enzwei der selbe slac,

im Kreis herum.
Sie machten dabei wilde Schleifen
und listige Haken.
Von den Schlägen wurde ihnen heiß,
die Stiche taten ihnen weh.
Der Kampfplatz war bedeckt
mit Rüstungsringen und Holzspänen.
Sie glaubten schon alle,
der Gast würde getötet werden,
weil der Herzog
so viel größer war als er:
Er erlitt von dem Sachsen
einen derartig gewaltigen Schwerthieb,
dass man für sein Leben
kein halbes Ei mehr gegeben hätte.
Den Schild spaltete er
mit einem so heftigen Schlag entzwei,
dass das Schwert durch die Rüstung
bis auf das Untergewand drang.
Hätte er den ungestümen Schlag
höher am Schild platziert,
weiß Gott, der Ritter
hätte den linken Arm verspielt.
Dass der Schlag
unterhalb der Riemen traf,
war der Grund dafür,
dass ihn niemand ohne Arm sehen musste.
Den Schwan aber, weiß wie Hermelin,
der auf dem schwarzen Schild zu sehen war,
den hieb der Schlag entzwei,

daz er vil wîten schranz emphienc.
daz ort des schwertes im dô gienc
durch allez sin gewæfen hin.
wan daz daz spalier schirmet in,
daz vil guot palmâtsîde was,
sô müeste er anders ûf daz gras
gestrûchet ⟨sîn⟩ tôt unde wunt.
an im ⟨vil⟩ nâch was bî der stunt
mit strîte jâmer güebet.
diu frouwe wart betrüebet
und ouch diu maget kiusche
von dem ⟨vil⟩ herten biusche
der ûf den gast dô wart getân.
»welt ir mir nû mîn erbe lân?«
sprach der herzoge wider in,
»sult ir mîn eigen ziehen hin,
ir müezent ez verzinsen,
daz man ûz herten flinsen
noch sanfter gülte schriete.
es gît mir zeiner miete
niht anders wan den lebetagen,
swer iht des mînen vor mir tragen
gewalticlichen hiute wil.«
»des zolles wære ein teil ze vil!«
sprach der ritter mit dem swanen.
»iuch sol diu milte des ermanen
daz ir sô hôher zinse enbert.
sît daz ir miete von mir gert,
sô machet si gefüege,
wand ich unsanfte trüege

sodass ein großer Riss entstand.
Die Spitze des Schwertes
drang durch die Rüstung.
Wenn ihn nicht das Untergewand,
das aus guter Seide war,
geschützt hätte,
wäre er tödlich verletzt ins Gras gestürzt.
Seinetwegen hätte der Kampf nun
beinahe großes Leid verursacht.
Die Dame und auch das reine Mädchen
waren sehr besorgt
wegen des harten Schlags,
den der Gast erleiden musste.
»Wollt Ihr mir nun mein Erbe lassen?«
sprach der Herzog zu ihm.
»Wenn Ihr mein Eigentum haben wollt,
dann müsst Ihr dafür Zins zahlen
und zwar so, dass es einfacher wäre,
aus harten Steinen Geld zu schlagen.
Der gibt mir nichts anderes zur Vergütung
als sein Leben,
der mir noch heute Hab und Gut
mit Gewalt wegnehmen will.«
»Diese Abgabe erscheint mir etwas zu hoch,«
sprach der Ritter mit dem Schwan.
»Euch sollte Mildtätigkeit dazu ermahnen,
auf eine so hohe Forderung zu verzichten.
Wenn Ihr Entlohnung von mir wollt,
so macht sie angemessen,
weil ich eine solche unverschämte Forderung

sô grimmen zolles überlast.«
mit disen worten huob der gast
daz swert enbor geswinde,
mit blanker hende linde
wart ez ûf herten strît gewent.
er hæte ûf einen slac gedent
mit alles sînes herzen craft:
den Sahsen küene und ellenhaft,
dem er niht guotes gunde,
verweisen er begunde
des lîbes und des verhes.
im wart von im entwerhes
ein slac gemezzen und geslagen
der im daz kollier und ⟨den⟩ cragen
durch und durch alsô verschriet
daz er in von dem lîbe schiet.
sîn houbet daz zimieret was
vil nider ûf daz grüene gras
und zuo des plânes melme
bestürzet mit dem helme.

Des wâren die zwô frouwen frô.
die ritter sprâchen alle dô
ze dem vil sigebæren,
er künde gar ze swæren
zins den liuten bieten:
daz got vor sînen mieten
geruochte ir aller lîp bewarn!
si wolten sînes zinses varn
vil gerne ledec unde blôz.
Sus hæte grimmen schaden grôz

nicht dulden werde.«
Mit diesen Worten schwang der Gast
das Schwert geschwind empor,
mit bloßen weißen Händen
wurde es für den harten Kampf eingesetzt.
In diesen Schlag
legte er die ganze Kraft seines Herzens –
dem kühnen und riesenhaften Sachsen,
dem er den Besitz nicht gönnte,
verbannte er damit
aus dem Leben.
Ihn traf der gezielte und kräftige Hieb
waagrecht von der Seite
und drang ihm
durch den Halsschutz und den Hals,
sodass er ihm den Kopf vom Körper trennte.
Sein geschmücktes Haupt
fiel hinunter in das grüne Gras
und in den Staub des Kampfplatzes,
es war noch immer vom Helm bedeckt.
  Darüber freuten sich die beiden Frauen.
Die Ritter sagten daraufhin alle
zu dem Siegreichen,
dass der Herzog einen viel zu hohen Tribut
von den Leuten verlangt hatte,
und sie nun durch Gottes Hilfe
vor solchen Forderungen bewahrt wurden.
Auf solche Abgaben
wollten sie nun gerne verzichten.
So hatte sich der Sachse

der Sahsen herre dô gekouft.
mit bluote wart sîn lîb betrouft
und jâmerlichen ûf gehaben,
⟨und⟩ von den liuten er begraben
mit clegelicher swære.
die frouwen tugentbære,
liutsælic unde süeze,
die nigen ûf die füeze
dem werden ritter an der stunt.
si kusten in an sînen munt
und sprâchen eines mundes dô
mit fröuden wider in alsô:
»Herre und tugentrîcher helt,
sît iuwer manheit ûzerwelt
geboten hât uns beiden trôst
und uns von sorgen hât erlôst
gelîche und algemeine
sô nemet unser eine
ze wîbe und zeiner frouwen,
dur daz ir lôn beschouwen
sult diser nützen sache.
sît hier von ungemache
uns hât enbunden iuwer hant,
daz fürstentuom ze Brâbant
zeim erbe enphâhent hiute,
und nement zeiner briute
die besten von uns beiden.«
»Nein!« sprach der gast bescheiden
»darumbe enquam ich niht dâher,
daz ich gült oder wîbes ger

einen großen und schrecklichen Schaden eingehandelt.
Sein blutüberströmter Leib
wurde unter Klagen hochgehoben
und von den Leuten
mit großem Kummer begraben.
Die tugendhaften,
liebenswerten und hohen Frauen
knieten beide
vor dem edlen Ritter nieder.
Sie küssten ihn auf den Mund
und sprachen gemeinsam
hoch erfreut zu ihm:
»Herr und tugendreicher Held,
da Eure außerordentliche Tapferkeit
uns beiden Trost gespendet
und uns vollkommen
von den Sorgen erlöst hat,
so nehmt eine von uns
zur Frau,
damit Ihr für Eure Hilfe
einen Lohn erhaltet.
Weil Ihr unser Land
mit tapferer Hand von diesem Übel befreit habt,
nehmt noch heute
das Fürstentum zu Brabant als Erbe
und wählt die beste von uns beiden
zur Braut.«
»Nein!«, sprach der Gast bescheiden,
»ich bin nicht her gekommen,
weil ich Besitz oder eine Frau

ze solde noch ze lône.
ob ich iu beiden schône
gedienet hân und ⟨al⟩sô wol,
daz hân ich âne lônes zol
mit guoten willen hie getân.
⟨…⟩

Verderbter Text von fünf Zeilen und Textlücke von 16 Verszeilen

ob sî mich frâge wer ich sî,
daz ich dan ledec unde frî
mit rehte müeze werden,
und daz ich ûf der erden
mich scheide von ir sâzehant.
wil si daz ich ir tuo bekant
von mînen friunden ihtes iht
so wizzent daz ich langer niht
belîbe in ir betwinge.
sus wil ich mit gedinge
si zeinem wîbe kiesen,
daz si mich niht verliesen
geruoche mit ir frâge,
sô daz mîner mâge
niht vorsche noch der dinge mîn.«
Des antwurt im diu herzogîn
der maget muoter unde sprach,
daz niemer im kein ungemach
⟨…⟩

als Bezahlung oder Lohn begehrt habe.
Dass ich Euch beiden bereitwillig
und mit Erfolg gedient habe,
tat ich aus gutem Willen
und nicht um einer Belohnung willen.
⟨…⟩

Der Schwanritter erklärt sich schließlich zu Ehe und Landesherrschaft bereit, und zwar unter folgender Bedingung:

Sollte sie mich fragen, wer ich bin,
dann werde ich rechtmäßig
ledig und frei sein,
und mich hier auf Erden
sofort von ihr scheiden lassen.
Will sie, dass ich ihr etwas
über meine Verwandten erzähle,
so soll sie wissen,
dass ich dann nicht länger an sie gebunden bin.
Nur unter dieser Bedingung
will ich sie zur Frau wählen,
dass sie nicht versuchen wird,
mich durch eine Frage
nach meinen Verwandten
und meiner Herkunft fort zu treiben.«
Darauf antwortete die Herzogin,
die Mutter der Jungfrau,
dass er beruhigt [sein könne]
⟨…⟩

Textlücke von 18 Verszeilen

vil gerne nam ze wîbe alsô.
Des wart vil manec herze frô
von ir zweier hôchgezît.
sich huob ân allen widerstrît
vil manger hande freude dâ,
daz in den landen anderswâ
rîlicher hof nie wart bekant.
swaz man ie kurzewîle vant,
der aller hæte man dâ vil:
burdieren, floiten, seitenspil
wart dâ beschouwet und vernomen.
an rehten freuden vollenkomen
unde in ganzen prîs geslouft
wart rîlîche briutelouft.
  Nu daz der hof ein zil gewan,
dô fuor der künec Karle dan
mit êren aber anderswar,
und ouch die frouwen freuden bar
⟨...⟩

Textlücke von 18 Verszeilen

einander hæten lange zît.
doch wurden si gescheiden sît.
  Nu hœrent wie daz hüebe sich:
dô si zwei kinder wünniclich
erzogen hæten schône
und nâch der minne lône

[Da] nahm er sie sehr gerne zur Frau.
Viele freuten sich aus ganzem Herzen
über diese Hochzeit.
Ohne jede Missgunst
herrschte nun große Fröhlichkeit,
in keinem Land
gab es je ein prunkvolleres Hoffest.
Was man nur an Unterhaltung aufbieten konnte,
fand man dort zuhauf:
Turniere, Flöten- und Saitenspiele
konnte man da sehen und hören.
Diese vornehme Hochzeit
bereitete viel Freude und
wurde hoch gepriesen.
Als nun die Hofhaltung zu Ende war,
nahm Kaiser Karl ehrenvoll Abschied
und begab sich auf die Reise.
Auch die beiden traurigen Frauen…
⟨…⟩

[Die Eheleute] hatten einander für lange Zeit,
doch sie wurden schließlich getrennt.
Nun hört, wie es dazu kam:
Nachdem sie zwei anmutige Kinder
sorgfältig aufgezogen hatten
und sich beide

einander beide wâren frô,
do quam ez zeiner zît alsô
daz der ⟨vil⟩ hôchgelopte man
geriten quam für einen tan
dur beizen ûf ein grüenez velt,
dâ man dur spilnder wünne gelt
ein wazzer schône fliezen sach.
er hæte bî den clâren bach
wiltbrât gevangen und gejaget.
und dô der [ritter unverzaget]
⟨…⟩

Verderbter Text von 5 Zeilen und Textlücke von 15 Verszeilen

mit jâmer und mit leides gir:
»waz wirret iu? daz sagent mir,
sô rehte liep als ich iu sî.
waz iu won ungemüetes bî
daz rouchent mir durgründen
und ûf ein ende künden.«
»Herre, ich mac wol trûric sîn!«
sprach diu werde herzogîn
»ich han von iu zwei schœniu kint,
diu beidiu wol gerâten sint,
und ist verborgen mir dâbî
von waz geburt er komen sî
der in ze vater ist gezelt.
mîn herze daz hât iuch erwelt
für alle man ze liebe noch,
und ⟨ir⟩ verbergent mir iedoch

in aufrichtiger Liebe zugetan waren,
geschah es eines Tages,
dass der hoch gelobte Mann
beim Jagen durch einen Wald ritt
und zu einer Wiese kam,
durch die ein kleines Bächlein
plätschernd floss.
In der Nähe des klaren Baches
hatte er ein Wild gejagt und gefangen.
Als der Ritter
⟨…⟩

[nach Hause kam, fand er seine Frau in merkwürdiger Verfassung vor, nämlich]

voller Jammer und Leid.
»Was bedrückt Euch? Sagt es mir doch,
wenn ich Euch wirklich lieb bin.
Welchen Kummer Ihr auch habt,
seid so gut und sagt mir die Gründe,
damit er ein Ende nehmen kann.«
Herr, ich bin aus gutem Grund traurig!«,
sprach die edle Herzogin,
»ich habe von Euch zwei schöne
und wohlgeratene Kinder,
dennoch ist mir verborgen,
aus welchem Geschlecht
ihr Vater stammt.
Mein Herz hat Euch aus Liebe
vor allen anderen Männer erwählt,
dennoch verheimlicht Ihr mir

ze tougentlichen iuwer dinc.
sît daz ir in dis landes rinc
her quâmet, sô getorste ich nie
gevorschen noch gefrâgen hie,
waz iuwer künne wære.
der kumber und diu swære
ze herzen mir gedrücket sint.
sô man nu frâget unser kint
hernâch um ir geslehte,
so enkunne si ze rehte
bescheiden noch bediuten,
von welher hande liuten
ir quæmet her in disiu lant.
ir mâge sint in unbekant
unde ir besten friunde namen:
si müezen sich des iemer schamen,
daz si niht wizzen umb des leben
der in ze vater ist gegeben.«

Der ritter von der rede erschrac.
er sprach: »nu kan ich unde mac
wol hœren unde wizzen,
daz ir iuch hânt geflizzen
mit willen ûf mîn ungemach.
iuch dunket daz ich iu ze swach
ze wirte und zeime manne sî.
daz kiuse ich dran und ⟨ouch⟩⟨dâ⟩bî,
daz ir nâch mînen mâgen
alsus beginnent frâgen
und mîniu dinc ervaren went.
ich sihe wol, iuwer herze sent

Eure Herkunft.
Seitdem Ihr in dieses Land gekommen seid,
habe ich es nie gewagt,
danach zu forschen oder zu fragen,
aus welchem Geschlecht Ihr stammt.
Kummer und Schwermut
drücken mir auf mein Herz.
Wenn nun unsere Kinder
nach ihrer Herkunft gefragt werden,
können sie darüber in keiner Weise
eine Auskunft geben oder belegen,
von welchen Landsleuten
ihr in dieses Land gekommen seid.
Ihre Verwandten sind ihnen unbekannt
und so auch die Namen ihrer besten Freunde:
sie müssen sich immer dafür schämen,
dass sie nichts über das Leben
ihres Vaters wissen.«
Der Ritter erschrak über diese Worte.
Er sagte:
»Nun höre und erkenne ich wohl,
dass Ihr mutwillig danach trachtet,
mich ins Unglück zu stürzen.
Ihr glaubt, ich sei nicht standesgemäß genug,
um Euer Herr und Mann zu sein.
Das erkenne ich daran,
dass Ihr mich
nach meinen Verwandten fragt
und meine Herkunft wissen wollt.
Ich sehe wohl, dass Euer Herz

uf mînen schaden mit genuht.
ir hânt benamen iuwer zuht
vil sêre an mir zerbrochen.
ir hætet doch versprochen
vorsche und frâge wider mich,
und ist nu valsch und üppiclich
al iuwer rede worden;
ir hânt der wârheit orden
vil sêre an mir zetrennet.
sît nû mîn herze erkennet
daz ir versmâhent mîn gebot,
trûtfrouwe, sô genâde iu got!
ich wil von hinnen scheiden:
ir möhtet wol uns beiden
baz unde rehter hân getân!
geloubent sunder valschen wân
und âne crieges widerstrît,
daz ir nâch dirre tage zît
mich niemer sult beschouwen.«
Diu rede was der frouwen
sô grimmiclichen swære
daz diu vil tugentbære
gar inniclichen weinde
und grimme clage erscheinde
mit herzen und mit munde.
diu schœne bî der stunde
vil jâmers kunde vinden,
daz si begunde winden
ir blanken hende beide
und sprach alsus mit leide:

mir Schaden zufügen will.
Ihr habt Euren Anstand
mir gegenüber vollkommen vergessen.
Ihr habt doch versprochen,
nicht über mich zu forschen oder mich zu fragen,
ist nun Euer Versprechen
falsch und nichtig geworden?
Ihr habt das Gesetz der Wahrheit
an mir gebrochen.
Da mein Herz nun erkennt,
dass Ihr mein Gebot missachtet habt,
Gemahlin, so Gnade Euch Gott!
Ich muss Euch verlassen.
Hättet Ihr doch
für uns beide besser gehandelt!
Seid versichert, dass Ihr mich
nach diesem Tag
ohne jeden Zweifel und ohne Widerworte
nicht mehr wiedersehen werdet.«
Die Rede erfüllte die Frau
mit einer solchen Schwermut,
dass die Tugendhafte
heftig weinte
und aus tiefsten Herzen
bitterlich klagte.
Die Schöne hatte nun
so viel Kummer,
dass sie ihre
weißen Hände rang
und voller Verzweiflung rief:

»Herre und tugendrîcher man,
dem ich vor al der werlte gan
vil êren unde guotes,
sint niht sô grimmes muotes
noch ⟨al⟩sô zornic wider mich!
verkiesent, lieber friunt, daz ich
geredet und begangen habe,
dur daz ich guotes willen abe
nâch reiner triuwe iu ⟨niht⟩ gestê.
daz sol mich riuwen iemer mê
daz ir beswæret sint von mir.
herr, ich enwânde niht daz ir
dur die vertânen frâge mîn
sô gar betrüebet soltet sîn,
und ⟨ich⟩ iuch trûric müeste sehen.
benamen mir ist hier geschehen
diz dinc ân aller slahte vâr.
hæt ich getriuwet umbe ein hâr
daz ich als übel tæte,
sô wizzent daz ich hæte
mîn üppiclichen rede verborn.
dâvon sô lâzent allen zorn
und diesen criec erwinden!
niht scheident von den kinden
diu von iu beidiu komen sint!
wer lieze ouch alsô schœniu kint
und alsô keiserliche fruht?
ob ir ie veterlîche zuht
gewunnet unde friundes muot,
sô lant iuch kint wîb unde guot

»Herr und tugendreicher Gemahl,
dem ich mehr Ehre und Gutes gönne,
als der ganzen Welt,
seid doch nicht so voller
Wut und Zorn gegen mich!
Verzeiht mir, lieber Freund,
was ich gesagt und getan habe,
denn dies tat ich nur in guter Absicht
und aus reiner Treue heraus.
Das werde ich für immer bereuen,
dass ich Euch solchen Kummer bereitet habe.
Herr, ich habe nicht gedacht,
dass Euch die unbedachte Frage
so betrüben würde
und ich Euch so traurig sehen müsste.
Wirklich, ich tat dies
ohne jede böse Absicht.
Hätte ich auch nur im Mindesten gewusst,
dass ich so Übles anrichte,
so seid versichert, dass ich meine
überflüssige Rede unterlassen hätte.
Lasst also nun diesen Zorn
und beendet diesen Streit.
Trennt Euch nicht von den Kindern,
die doch die unseren sind.
Wer ließe auch so schöne
und hochgeborene Kinder zurück?
Wenn Ihr väterliche Rücksicht
und die Nachsicht eines Freundes habt,
so erbarmt Euch

getriuwelîche erbarmen,
und lœsent mich vil armen
ûz marterlicher nœte,
wand ich mich selber tœte
von leide und ⟨jâmer⟩ wellent ir
mit zorne scheiden iuch von mir.«
Diu herzogin die rede treip.
darumbe iedoch dâ niht beleip
der unverzagte ritter.
swie vaste ir angest bitter
würde und ir beswærde
mit rede und mit gebærde,
doch wolte er langer niht bestân.
er hiez fürsich diu kinder gân,
diu kuste er unde sprach alsô
mit leide erbermiclîche dô:
»Got der behüete iuch lieben kint!
mich wellent segel unde wint
von iu sô verre füeren
daz niemer iuch berüeren
mîn ouge enmag die wîle ich lebe.
gelücke iuch beiden sælde gebe,
und habe iuch Got in sîner phliht!
belîbens ist hier langer niht,
ich wil ûf mîne strâze hin.«
Sus viel sîn frouwe dâ für in
und al sîn werdiu hoveschar.
mit nazzen ougen jâmervar
wart er gebeten sêre,
daz er dur gotes êre

der Kinder, der Frau und des Besitzes,
und befreit mich Arme
von den schmerzlichen Qualen,
weil ich mich
aus Kummer und Leid selbst töten werde,
wenn Ihr Euch im Zorn von mir trennt.«
So flehte die Herzogin,
doch der unbeirrbare Ritter
blieb dennoch nicht bei ihr.
Wie sehr sie ihre bittere Angst
mit Flehen und Gesten
auch zum Ausdruck brachte,
er wollte nicht mehr länger bleiben.
Er rief seine Kinder zu sich,
küsste sie und sprach zu ihnen
voller Schmerz:
»Gott möge Euch behüten, liebe Kinder!
Mich werden Segel und Wind
so weit weg von Euch führen,
dass ich Euch niemals wieder sehen werde,
solange ich lebe.
Ich wünsche Euch Glück und Segen,
und möge Euch Gott beschützen!
Ich kann hier nicht länger bleiben,
ich muss meinen Weg gehen.«
Die Frau und der gesamte Hofstaat
fielen vor ihm auf die Knie.
Weinend und jammernd
wurde er inständig gebeten,
dass er zur Ehre Gottes

und durch sîn selbes zuht belibe,
noch si niht alsô gar vertribe
an allen fröuden iemer.
si jâhen daz si niemer
gewünnen muot ze lebene,
schied er alsô vergebene
und âne schulde dannen.
Von frouwen und von mannen
wart im ze fuoz gevallen;
daz kunde niht in allen
gefrumen umbe ein halbez ei.
sich huop vor im der grœste schrei
von wîbe und ouch von kinden:
doch wolte er niht erwinden
an sîner verte sâzehant.
ab zôch er sin rîlich gewant
und leite dô sîn spalier an,
daz der vil hochgelôpte man
mit im gefüeret hæte dar.
sîn harnasch wünniclich gevar
wart im getragen an den sê.
beliben wolte er dô niht mê,
wand er wolt îlen schiere dan.
Der selbe minniclîche swan
der in hæte dar gezogen,
der quam aber dô geflogen
als er von im geheizen wart,
er fuorte in balde ûf sîne vart
in eime schiffelîne cluoc:
daz selbe daz in ê dar trouc,

und aufgrund seines höfischen Anstandes
bleiben möge, da er ansonsten
jegliche Freude für immer vertreiben würde.
Sie sagten, dass sie
nie wieder Lebensmut gewinnen könnten,
wenn er so grundlos
und ohne eigene Schuld gehen würde.
Männer und Frauen
fielen ihm zu Füßen,
doch das nützte
überhaupt nichts.
Vor ihm erhob sich ein großes Wehgeschrei
von Frauen und Kindern:
dennoch ließ er sich nicht
von seinem Vorhaben abbringen.
Er zog sein prächtiges Gewand aus
und legte seine Unterkleider an,
die der hoch gepriesene Mann
mit sich geführt hatte.
Seine außergewöhnliche Rüstung
wurde ihm zum Ufer getragen.
Er wollte nun nicht mehr bleiben
und hatte es eilig fortzukommen.
Der selbe liebliche Schwan,
der ihn hergezogen hatte,
der kam angeflogen,
nachdem er ihn gerufen hatte
und er führte ihn sogleich
mit dem zierlichen Schifflein,
das ihn damals hierher gebracht hatte,

daz wart in tragend aber sît.
Sus schiet er von dem lande wît
und gab den liuten sînen segen.
vil jâmers wart nâch im gephlegen
von sîme schœnen wîbe
und von der kinde lîbe
diu sîn verweiset wâren:
diu sah man dô gebâren
sô marterlichen alliu driu,
daz ich mit tûsent münden iu
niht möchte entsliezen al die clage
die si begunden an dem tage
dô von in der herre schiet.
ouch weinde ⟨in⟩ al sîn hovediet
und ⟨al⟩ sîn lantgesinde
vil sêre und vil geswinde.
Was touc hier langer rede mêr?
der ritter edel unde hêr
fuor sîne strâze bî der zît:
noch quam er wieder niemer sît
ze kinde noch ze wîbe.
daz gienc der frouwen lîbe
ze herzen und ze beine.
Diu herzoginne reine
diu zôch mit flîze ir lieben kint,
von den sît grôze herren sint
ûf gewahsen und geborn.
vil werde fürsten ûzerkorn
von ir geslehte quâmen:
in wuohsen ûz ir sâmen

auf seinen Weg.
So verließ er das Land
und gab den Leuten seinen Segen.
Seinetwegen trauerten
seine schöne Frau
und seine halb verwaisten
Kinder noch lange:
man sah sie alle drei
in so schmerzhaftem Gebaren
seit dem Tag,
an dem der Herr sie verließ,
dass ich Euch all die Klagen
mit tausend Mündern nicht wiedergeben könnte.
Auch weinten all seine Hofleute
und die Landbevölkerung
stark und heftig.
Was soll ich nun länger berichten?
Der edle und rechtschaffene Ritter
ging seines Weges,
er kam weder zu seiner Frau
noch zu den Kindern zurück.
Das fuhr der Frau ins Herz
und in alle Glieder.
Die vornehme Herzogin
erzog ihre lieben Kinder sehr sorgfältig,
von ihnen stammen
große Herren ab.
Viele auserwählte Fürsten
findet man unter ihnen:
aus ihren Samen wuchsen

vil mâge und ⟨vil⟩ hêrlicher neven.
von Gelre beide und ⟨ouch⟩ von Cleven
die grâven sint von in bekomen,
und wurden Rienecker genomen
ûz ir geslehte verre erkant.
ir künne wart in manec lant
geteilet harte wîte,
daz noch aldâ ze strîte
den swanen füeret unde treit.
Man sol für eine wârheit
diz mære wizzen und verstân:
got der hât wunders vil getân
daz noch unmügelicher was,
sît ich fürwâr geschriben las
von dem herzogen Gotfride,
daz got dur sîniu ⟨starken⟩ lide
unbilde tet bî sîner zît.
sô mohte er ouch diz wunder sît
an sîner tohter wol begân.
Gotfride komen und gestân
liez er ze helfe und zeiner wer
drîstunt sîn himelischez her
und sante im zeime trôste daz.
dâvon geloube ich deste baz,
daz er ouch liez durch in geschehen
daz in Brâbanden wart gesehen
der werde ritter mit dem swanen.
ich wil hie biten unde manen
alt unde junc besunder,
daz diz fremde wunder

zahlreiche Verwandte und herrschaftliche Nachkommen.
Die Grafen von Geldern und Cleve
stammen von ihnen ab
und auch die Rienecker kommen
aus ihrem weit bekannten Geschlecht.
Ihre Nachkommen sind in vielen Ländern
weit verstreut,
wo sie noch heute zum Kampf
den Schwan als Wappentier führen.
Man soll wissen,
dass diese Geschichte die Wahrheit berichtet:
Gott hat schon viele Wunder bewirkt,
die noch unglaublicher waren als das,
was ich wahrheitsgemäß
über Herzog Gottfried las,
der durch Gott mit seiner starken Hand
Unglaubliches vollbrachte.
So konnte er damals auch dieses Wunder
an seiner Tochter geschehen lassen.
Er sandte Gottfried
zur Hilfe und zum Schutz
dreimal sein himmlisches Heer
und tat dies auch zu seiner Ermutigung.
Deshalb glaube ich umso mehr,
dass es auch durch ihn geschah,
dass der edle Ritter mit dem Schwan
in Brabant erschien.
Ich bitte und ermahne Alte und Junge,
dass sie diese erstaunliche Begebenheit
nicht für eine Lüge halten;

niht haben gar für eine lüge,
und si gelouben daz got müge
erzeigen grôz unbilde.
Dis âventiure wilde
hiemite ein zil genomen hât:
von Wirzeburc ich Cuonrât
wil ir zehant ein ende geben.
got lâze uns hie sô wol geleben
daz wir besitzen iemer dort
der êwiclichen fröuden hort.

und sie daran glauben,
dass Gott Unbegreifliches
zu zeigen vermag.
Dieses erstaunliche Aventiure
ist nun an ihrem Ziel angelangt:
Ich, Konrad von Würzburg,
will sie nun beenden.
Möge uns Gott hier so gut leben lassen,
dass wir dann dort
einen Schatz ewiger Freude besitzen.

Der Welt Lohn

Ir werlte minnære,
vernement disiu mære,
wie einem ritter gelanc
der nâch der werlte lône ranc
beidiu spâte unde fruo.
er dâhte in manige wîs dar zuo
wâ mite er daz begienge
daz er den lôn enphienge
werltlicher êren.
er kunde wol gemêren
sîn lob an allen orten
mit werken und mit worten.
sîn leben was sô vollebrâht
daz sîn zem besten wart gedâht
in allen tiutschen landen.
er hæte sich vor schanden
alliu sîniu jâr behuot;
er was hübisch unde fruot,
schœne und aller tugende vol.
swâ mite ein man zer werlte sol
bejagen hôher wirde prîs,
daz kunde wol der herre wîs
bedenken und betrahten.
man sach den vil geslahten
ûzerweltiu cleider tragen.
birsen, beizen unde jagen
kunde er wol und treip sîn vil,
schâchzabel unde seitenspil

Der Welt Lohn

Ihr, die ihr die Welt liebt,
hört diese Geschichte
wie es einem Ritter erging,
der nach dem Lohn der Welt strebte
von morgens bis abends.
Er dachte stets darüber nach,
wie er es bewirken könne,
den Lohn
weltlicher Ehren zu erlangen.
Er verstand es, seinen Ruhm
sehr geschickt überall
mit Taten und Worten zu vermehren.
Sein Leben war so vorbildhaft,
dass man das Beste von ihm dachte
in allen deutschen Ländern.
Er hatte sich sein ganzes Leben
vor Schande bewahrt.
Er war höfisch und gebildet,
schön und in allem tugendhaft.
Alles, womit ein Mann auf Erden
den Preis hohen Ansehens gewinnen soll,
konnte der kluge Herr sich gut
vorstellen und ausdenken.
Man sah den hoch Angesehenen
auserlesene Kleider tragen.
Mit Hunden und mit Falken zu jagen,
beherrschte er sehr gut und tat das oft.
Schach und Saitenspiel

daz was sîn kurzewîle.
wær über hundert mîle
gezeiget im ein ritterschaft,
dâ wær der herre tugenthaft
mit guotem willen hin geriten
und hæte gerne dâ gestriten
nâch lobe ûf hoher minne solt.
er was den frouwen alsô holt
die wol bescheiden wâren,
daz er in sînen jâren
mit lange wernder stæte
in sô gedienet hæte,
daz alliu sældenhaften wîp
sînen wünneclichen lîp
lobten unde prîsten.
als uns diu buoch bewîsten
und ich von im geschriben vant,
sô was der herre genant
her Wirent dâ von Grâvenberc.
er hæte werltlîchiu werc
gewürket alliu sîniu jâr.
sîn herze stille und offenbâr
nâch der minne tobte.
Sus saz der hôchgelobte
in einer kemenâten,
mit fröuden wol berâten,
und hæte ein buoch in sîner hant,
dar an er âventiure vant
von der minne geschriben.
dar obe hæte er dô vertriben

waren sein Zeitvertreib.
Hätte man ihm in hundert Meilen Entfernung
ein Turnier genannt,
so wäre der tugendhafte Herr,
mit großem Eifer hingeritten
und hätte dort bereitwillig
für den Lohn hoher Minne um Ehre gekämpft.
Er war den Damen sehr zugetan,
jenen, die angesehen waren,
und hatte ihnen all die Jahre
mit anhaltender Beständigkeit
so sehr gedient,
dass alle liebreizenden Frauen
sein gutes Aussehen
lobten und priesen.
Wie uns die Bücher versichern
und ich von ihm geschrieben fand,
wurde der Herr
Wirnt von Grafenberg geheißen.
Er hatte sein ganzes Leben
nach weltlichen Dingen gestrebt.
Sein Herz drängte heimlich und offen
leidenschaftlich nach der Minne.
Einst saß der Vielgepriesene
in einem mit Unterhaltung
gut ausgestatteten Zimmer
und hatte ein Buch in der Hand,
in dem er Geschichten las,
die von der Liebe handelten.
Damit hatte er sich den ganzen Tag

den tag unz ûf die vesperzit;
sîn fröude was vil harte wît
von süezer rede die er las.
dô er alsus gesezzen was,
dô quam gegangen dort her
ein wîp nâch sînes herzen ger
ze wunsche wol geprüevet gar
und alsô minneclich gevar
daz man nie schœner wîp gesach.
ir schœne vollechlichen brach
für alle frouwen die nu sint.
sô rehte minneclichez kint
von wîbes brüsten nie geslouf.
ich spriche daz ûf mîmen touf,
daz si noch verre schœner was
dan Vênus oder Pallas
und alle die gotinne
die wîlen phlâgen minne.
ir antlütz unde ir varwe
diu wâren beidiu garwe
durliuhtec als ein spiegellîn.
ir schœne gap sô liehten schîn
und alsô wünneclichen glast
daz der selbe palast
von ir lîbe erliuhtet wart.
der wunsch enhæte niht gespart
an ir die sînen meisterschaft,
er hæte sîne besten kraft
mit ganzem flîze an si geleit.
swaz man von schœnen wîben seit,

bis zum frühen Abend die Zeit vertrieben.
Er hatte sehr große Freude
an den süßen Worten, die er las.
Als er so dasaß,
erschien plötzlich eine Frau,
die ganz nach dem Wunsch seines Herzens
geschaffen war, so vollkommen
und so liebreizend,
dass man noch nie eine schönere Frau gesehen hatte.
Ihre Schönheit übertraf völlig
die aller heute lebenden Frauen.
Noch nie zuvor war ein schöneres Kind
den Brüsten einer Frau entwachsen.
Ich beschwöre bei meiner Taufe,
dass sie noch weit schöner war
als Venus und Pallas Athene
und alle Göttinnen,
die sich vormals der Liebe widmeten.
Ihr Antlitz und ihr Teint
leuchteten ganz und gar
wie ein Spiegel.
Ihre Schönheit gab einen so hellen Schein
und einen so herrlichen Glanz,
dass der ganze Raum
durch sie erleuchtet war.
Die Vollkommenheit selbst hatte an ihr
mit ihrer Meisterschaft nicht gespart.
Sie hatte ihre ganze Kraft
mit größter Sorgfalt auf sie gewendet.
Was immer man von schönen Frauen sagt,

der übergulde was ir lîp.
ez wart nie minneclicher wîp
beschouwet ûf der erde.
ouch was nâch vollem werde
ir lîp gecleidet schône.
diu cleider und diu crône
diu diu selbe frouwe cluoc
ûf und an ir lîbe truoc,
diu wâren alsô rîche
daz si sicherlîche
nie man vergelten kunde,
ob man si veile funde.
Von Grâvenberc her Wirent
erschrac von ir wol zwirent,
dô si quam geslichen.
sîn varwe was erblichen
vil harte von ir künfte dâ.
in nam des michel wunder sâ
waz frouwen alsô quæme.
ûf spranc der vil genæme
erschrocken unde missevar
und enphie die minneclichen gar
vil schône als er wol kunde.
er sprach ûz süezem munde:
»sint, frouwe, gote willekomen!
swaz ich von frouwen hân vernomen,
der übergulde sint ir gar.«
diu frouwe sprach mit zühten dar:
»vil lieber friunt, got lône dir!
erschric sô sêre niht von mir:

ihr Aussehen übertraf alles.
Eine liebreizendere Frau
hatte man auf Erden noch nie gesehen.
Dazu war sie äußerst kostbar und
vornehm gekleidet.
Die Kleider und die Krone,
die diese schöne Frau
an und auf ihrem Körper trug,
waren so prächtig,
dass sie sicherlich
niemand hätte bezahlen können,
wären sie verkäuflich gewesen.
Herr Wirnt von Grafenberg
erschrak heftig vor ihr,
als sie so leise auf ihn zukam.
Er erbleichte ganz und gar
aufgrund ihrer Ankunft.
Er wunderte sich sehr darüber,
dass so eine Frau ihn besuchte.
Der edle Mann sprang
erschrocken und verwirrt auf
und empfing die Liebenswerte
so gebührend, wie er konnte.
Er sprach mit höflicher Stimme:
»Seid bei Gott willkommen, Herrin!
Was ich je über Frauen gehört habe,
das übertrefft Ihr bei weitem.«
Darauf erwiderte die Dame mit höfischem Anstand:
»Liebster Freund, Gott soll es dir lohnen!
Erschrick nicht so heftig vor mir,

ich binz diu selbe frouwe doch
der dû mit willen dienest noch
und aldâher gedienet hâst.
swie dû vor mir erschrocken stâst,
sô bin ich doch daz selbe wîp
durch die du sêle unde lîp
vil dicke hâst gewâget.
dîn herze niht betrâget,
ez trage durch mich hôhen muot.
dû bist hübisch unde fruot
gewesen alliu dîniu jâr,
dîn werder lîp süez unde clâr
hât nâch mir gerungen,
gesprochen und gesungen
von mir swaz er guotes kan;
du wære et ie mîn dienestman
den âbent und den morgen,
du kundest wol besorgen
hôhez lob und werden prîs;
du blüejest als ein meienrîs
in manicvalter tugende,
du hâst von kindes jugende
getragen ie der êren cranz,
dîn sin ist lûter unde ganz
an triuwen ie gein mir gewesen.
vil werder ritter ûzerlesen,
dar umbe bin ich komen her,
daz dû nâch dînes herzen ger
mînen lîp von hôher kür
beschouwest wider unde für,

ich bin doch die selbe Herrin,
der du noch jetzt bereitwillig dienst
und der du früher schon gedient hast.
Auch wenn du nun erschrocken vor mir stehst,
so bin ich doch die selbe Frau,
für die du Leib und Seele
immer wieder gewagt hast.
Deinem Herzen wurde es nie zuviel,
meinetwegen hochgestimmt zu sein.
Du warst höfisch und gesittet
dein ganzes Leben lang.
Dein edler und schöner Leib
hat um mich
mit Worten und Liedern gerungen
und immer nur das Beste verkündet.
Du warst ja stets mein Gefolgsmann,
der es vom Abend bis zum Morgen
gut verstanden hat,
hohen Lob und große Anerkennung zu erwerben.
Deine zahlreichen Tugenden
blühen wie ein Zweig im Mai.
Von frühester Jugend an
hast du den Ehrenkranz getragen.
Du bist mir gegenüber immer aufrichtig
und vollkommen treu gewesen.
Edler, auserwählter Ritter,
deshalb bin ich hergekommen,
damit du nach dem Wunsch deines Herzens
meinen auserlesenen Körper
von allen Seiten betrachten kannst und erkennst,

wie schœne ich sî, wie vollekomen.
den hôhen lôn, den rîchen fromen,
den dû von mir enphâhen maht
umb dînen dienest wol geslaht,
den solt du schouwen unde spehen.
ich wil dich gerne lâzen sehen
waz lônes dir gezichen sol.
du hâst gedienet mir sô wol.«
Den edeln herren tugentrîch
dûhte harte wunderlîch
dirre frouwen tegedinc,
wan si der selbe jungelinc
mit sînen ougen nie gesach,
und doch diu selbe frouwe sprach,
er wære ir dienestman gesîn.
er sprach: »genâde, frouwe mîn,
habe ich iu gedienet iht,
entriuwen des enweiz ich niht.
mich dunket âne lougen
daz ich mit mînen ougen
iuch vil selten habe gesehen.
sît aber ir geruochent jehen
mîn ze cnehte, sælic wîp,
sô sol mîn herze und mîn lîp
iu ze dienste sîn bereit
mit willeclicher arebeit
unz ûf mînes tôdes zil.
ir hânt sô hôher sælden vil
und alsô manicvalte tugent,
daz iuwer fröudeberndiu jugent

wie schön und vollkommen ich bin.
Den hohen Lohn und reichen Gewinn,
die du von mir empfangen kannst
für deinen edlen Dienst,
sollst du dir genau ansehen.
Ich will dir gerne zeigen,
welcher Lohn dir zukommen wird.
Du hast mir vorbildlich gedient.«
Dem vornehmen, tugendhaften Herrn kamen
die Worte der Dame
sehr seltsam vor,
denn obwohl der junge Mann
sie noch niemals gesehen hatte,
behauptete die Frau dennoch
er sei ihr Dienstmann gewesen.
Er sprach: »Verzeiht mir, meine Herrin,
wenn ich Euch je gedient haben sollte,
wahrhaftig, so weiß ich es nicht.
Ich bin mir ganz sicher,
dass meine Augen
Euch noch nie erblickt haben.
Da es Euch aber beliebt, beglückende Herrin,
mich als Euren Diener anzusprechen,
so will ich Euch mit Herz und Leib
zu Diensten sein
mit bereitwilliger Anstrengung
bis an das Ende meiner Tage.
Ihr verheißt eine so hohe Glückseligkeit
und seid so vollkommen,
dass Eure freudenbringende Jugend

mir vil wol gelônen mac.
wol mich daz ich disen tac
gelebet hân! des fröuwe ich mich,
sît daz ir, frouwe minneclich,
mînen dienst enphâhen welt.
frouwe an tugenden ûzgezelt,
geruochent künden mir ein teil
durch daz wünnebernde heil
daz an iu, schœniu frouwe, lît:
von wannen ir geheizen sît
oder wie ir sît genant,
iuwer name und iuwer lant
werde mir hie kunt getân,
durch daz ich wizze sunder wân
ob ich in allen mînen tagen
ie von iu gehôrte sagen.«
Des antwurt im diu frouwe dô,
si sprach gezogenlîche alsô:
»vil lieber friunt, daz sol geschehen.
ich wil dir gerne hie verjehen
mînes hôchgelobten namen.
dun darft dich niemer des geschamen
daz dû mir undertænic bist.
mir dienet swaz ûf erden ist
hordes unde guotes,
ich bin sô hôhes muotes
daz keiser unde küneges kint
under mîner crône sint,
grâven, frîen, herzogen
habent mir ir knie gebogen

es mir gewiss lohnen wird.
Wohl mir, dass ich diesen Tag
erleben darf, darüber freue ich mich,
dass Ihr, liebenswerte Herrin,
meinen Dienst annehmen wollt.
Ihr an besonderen Vorzügen reiche Herrin,
lasst mich doch etwas darüber wissen,
bei dem verheißungsvollen Glück,
das sich an Euch, schöne Dame, zeigt,
woher Ihr kommt
oder wie Ihr genannt werdet?
Euren Namen und Eure Herkunft
sagt mir jetzt bitte,
damit ich ohne jeden Zweifel erfahre,
ob ich zu meinen Lebzeiten
je von Euch gehört habe.«
Darauf antwortete ihm die Frau
und sprach wohlerzogen:
»Viel lieber Freund, das soll geschehen,
ich will dir gerne
meinen hochgerühmten Namen nennen.
Du brauchst dich niemals dafür zu schämen,
dass du mir untertänig bist.
Mir dient alles, was es auf Erden
an Schätzen und an Gütern gibt.
Ich bin von so hoher Erhabenheit,
dass Kaiser und Königskinder
unter meiner Herrschaft stehen.
Grafen, Freiherren und Herzöge
haben ihr Knie vor mir gebeugt

und leistent alle mîn gebot.
ich fürhte niemen âne got,
der ist gewaltic über mich.
diu Werlt bin geheizen ich,
der dû nu lange hâst gegert.
lônes solt du sîn gewert
von mir als ich dir zeige nû.
hie kum ich dir, daz schouwe dû.«
Sus kêrtes im den rucke dar:
der was in allen enden gar
bestecket und behangen
mit unken und mit slangen,
mit kroten und mit nâtern;
ir lîp was voller blâtern
und ungefüeger eizen,
fliegen unde âmeizen
ein wunder drinne sâzen,
ir fleisch die maden âzen
unz ûf daz gebeine.
si was sô gar unreine
daz von ir blœden lîbe wac
ein alsô egeslicher smac
den niemen kunde erlîden.
ir rîchez cleit von sîden
vil übel wart gehandelt:
ez wart aldâ verwandelt
in ein vil swachez tüechelîn;
ir liehter wünneclicher schîn
wart vil jâmerlich gevar
bleich alsam ein asche gar.

und befolgen alle mein Gebot.
Ich fürchte niemanden außer Gott,
der Gewalt über mich hat.
Die ›Welt‹ werde ich genannt,
die du nun so lange begehrt hast.
Du sollst den Lohn von mir bekommen,
den ich dir nun zeigen will.
Ich komme jetzt zu dir, schau mich an.«
Damit kehrte sie ihm ihren Rücken zu:
der war über und über
bedeckt und behängt
mit Würmern und Schlangen,
mit Kröten und Nattern;
ihr Körper war voller Blattern
und hässlichen Eiterbeulen.
Fliegen und Ameisen
saßen in großer Zahl darin.
Die Maden zerfraßen ihr Fleisch
bis auf die Knochen.
Sie war so unrein,
dass von ihrem gebrechlichen Körper
ein so abscheulicher Gestank ausging,
dass niemand ihn ertragen konnte.
Ihr kostbares Seidenkleid
war schlimm zugerichtet:
Es war verwandelt
in einen armseligen Fetzen.
Ihr helles wundervolles Strahlen
wich einer erbarmungswürdigen
grauen und aschfahlen Farbe.

Hie mit schiet si von dannen.
daz si von mir verbannen
und aller cristenheite sî!
der ritter edel unde frî
dô er diz wunder ane sach,
zehant sîn herze im des verjach,
er wære gar verwâzen,
swer sich wolte lâzen
an ir dienste vinden.
von wîbe und von kinden
schiet er sich aldâ zehant;
er nam das criuze an sîn gewant
und huop sich über daz wilde mer
und half dem edeln gotes her
strîten an die heidenschaft.
dâ wart der ritter tugenthaft
an stæter buoze funden.
er schuof daz zallen stunden,
dô im der lîb erstorben was,
daz im diu sêle dort genas.
Nu merkent alle die nu sint
dirre wilden werlte kint
diz endehafte mære:
daz ist alsô gewære
daz man ez gerne hœren sol.
der werlte lôn ist jâmers vol,
daz muget ir alle hân vernomen.
ich bin sîn an ein ende komen:
swer an ir dienste funden wirt,
daz in diu fröude gar verbirt

Danach ging sie wieder fort.
Verwünscht sei sie von mir
und allen Christen!
Als der vornehme und edle Ritter
diese erstaunliche Verwandlung sah,
sagte ihm sein Herz sogleich,
dass der ganz und gar verdammt sei,
der sich in ihrem Dienst
finden ließe.
Von seiner Frau und seinen Kindern
nahm er sofort Abschied.
Er heftete sich das Kreuz an sein Gewand
und fuhr über das wilde Meer
und half dem edlen Heer Gottes
in seinem Kampf gegen die Heiden.
Dort wurde der tugendhafte Ritter
bei beständiger Buße angetroffen.
So sorgte er ohne Unterlass dafür,
dass, nachdem sein Körper gestorben war,
seine Seele dort am Leben blieb.
Nun merkt euch alle,
ihr Kinder dieser trügerischen Welt,
diese beispielhafte Geschichte.
Sie ist so wahrhaftig,
dass man sie bereitwillig hören soll.
Der Lohn der Welt ist endloser Jammer,
das solltet ihr nun alle verstanden haben.
Ich habe dies klar erkannt:
Jeder, der in ihrem Dienst steht,
verliert gänzlich die Freude,

die got mit ganzer stætekeit
den ûzerwelten hât bereit.
Von Wirzeburc ich Cuonrât
gibe iu allen disen rât,
daz ir die werlt lâzet varn,
welt ir die sêle bewarn.

die Gott in seiner Gnade
für die Auserwählten bereit hält.
Ich, Konrad von Würzburg,
gebe euch allen diesen Rat:
Lasst ab von der Welt,
wenn ihr die Seele retten wollt.

Das Herzmære

Ich prüeve in mîme sinne
daz lûterlîchiu minne
der werlte ist worden wilde.
dar umb sô sulen bilde
ritter unde frouwen
an diesem mære schouwen,
wand ez von ganzer liebe seit.
des bringet uns gewisheit
von Strâzburc meister Gotfrit:
swer ûf der wâren minne trit
wil eben setzen sînen fuoz,
daz er benamen hœren muoz
sagen unde singen
von herzeclichen dingen,
diu ê wâren den geschehen
die sich dâ hæten undersehen
mit minneclichen ougen.
diu rede ist âne lougen:
er minnet iemer deste baz
swer von minnen etewaz
hœret singen oder lesen.
dar umbe wil ich flîzec wesen
daz ich diz schœne mære
mit rede alsô bewære
daz man dar ane kiesen müge
ein bilde daz der minne tüge,
diu lûter unde reine
sol sîn vor allem meine.

Das Herzmære

Ich bin zur Einsicht gekommen,
dass reine Liebe
der Welt fremd geworden ist.
Deshalb sollen
Ritter und edle Damen
in dieser Geschichte ein Vorbild sehen,
weil sie von wahrer Liebe erzählt.
Darüber gibt uns die Gewissheit
Meister Gottfried von Straßburg:
Jeder, der seinen Fuß sicher
in die Spur der wahren Liebe setzen will,
soll sich ernsthaft
zu Herzen gehende Geschichten
erzählen und vortragen lassen,
die einst denen widerfahren sind,
die sich verliebt
in die Augen geblickt haben.
Darüber besteht kein Zweifel:
Jeder liebt immer besser,
der Geschichten über die Liebe
gehört oder gelesen hat.
Darum will ich mich bemühen,
diese schöne Geschichte
mit meinen Worten so wahrhaftig zu gestalten,
dass man daran
ein Vorbild nehmen kann für eine Liebe,
die klar sein soll und rein
und frei von aller Falschheit.

Ein ritter unde ein frouwe guot
diu hæten leben unde muot
in einander sô verweben,
daz beide ir muot unde ir leben
ein dinc was worden alsô gar:
swaz der frouwen arges war,
daz war ouch deme ritter;
dâ von ze jungest bitter
wart ir ende leider;
diu minne was ir beider
worden sô gewaltec,
daz si vil manicvaltec
machte in herzesmerzen.
grôz smerze wart ir herzen
von der süezen minne kunt.
si hæte si biz an den grunt
mit ir fiure enzündet
und alsô gar durgründet
mit minneclicher trûtschaft,
daz niemer möhte ir liebe kraft
mit rede werden zende brâht.
ir lûterlichen andâht
niemen künde vollesagen.
nie ganzer triuwe wart getragen
von manne noch von wîbe,
danne ouch in ir lîbe
si zwei zesamne truogen.
doch kunden sie mit fuogen
zuo einander komen niht
alsô daz si zer minne pfliht

Ein Ritter und eine edle Dame
hatten ihr Leben und ihr Fühlen
so ineinander verwoben,
dass beide, Fühlen und Leben,
gänzlich zu einer Einheit geworden waren:
Alles was die Frau bekümmerte,
das tat es auch für den Ritter.
Gerade deshalb war ihr Ende
schließlich sehr bitter.
Die Liebe hatte sie beide
so sehr ihn der Gewalt,
dass sie ihnen die vielfältigsten
Herzensschmerzen bereitete.
Große Schmerzen lernten ihre Herzen
durch die süße Liebe kennen.
Sie hatte sie bis in den Grund
mit ihrem Feuer entzündet
und so völlig durchdrungen
mit inniger Zuneigung,
dass die Kraft ihrer Liebe
niemals vollständig in Worte gefasst werden könnte.
Ihre gegenseitige aufrichtige Verehrung
könnte niemand zureichend beschreiben.
Kein Mann und keine Frau
hatten jemals größere Treue bewahrt,
als die beiden es in ihrem Leben
einander erwiesen.
Doch sie konnten nicht mit Anstand
zueinander kommen,
um ihr sehnsüchtiges Verlangen

ir gernden willen möhten hân.
daz süeze wîp vil wol getân
het einen werden man zer ê,
des wart ir herzen dicke wê:
wande ir schœne was behuot
sô vaste daz der herre guot
nie mohte an ir gestillen
sîns wunden herzen willen,
daz nâch ir minne lac versniten.
des wart diu nôt von in geliten
diu strenge was und engestlich,
nâch ir lîbe minneclich
begunde er alsô vaste queln
daz er sînen pîn verheln
niht mohte vor ir manne.
zuo der schœnen danne
reit er swenne ez mohte sîn,
und tet ir dô mit clage schîn
sînes herzen ungemach;
dâ von ze jungest im geschach
ein leit daz in beswârte.
der frouwen man der vârte
mit starker huote ir beider
sô lange unz er leider
an ir gebærden wart gewar
daz si diu süeze minne gar
het in ir stric verworren,
daz si muosten dorren
nâch einander beide.
dar umbe wart vil leide

nach Liebeserfüllung zu stillen.
Die anmutige, schöne Frau
hatte einen angesehenen Ehemann,
das tat ihrem Herzen sehr weh:
denn ihre Schönheit wurde
so streng behütet, dass der edle Herr
nie das Verlangen seines wunden Herzens
bei ihr stillen konnte,
das aus Liebe zu ihr verletzt war.
Dadurch erlitten sie eine Not,
die hart und bedrängend war.
Nach ihrem schönen Leib
verzehrte er sich so sehr,
dass er seine Qual
nicht vor ihrem Mann verbergen konnte.
Er ritt zu der Schönen,
wann immer es möglich war,
und gestand ihr da unter Klagen
den Kummer seines Herzens.
Deswegen litt er schließlich
bedrückendes Leid.
Der Ehemann beobachtete
sie beide mit großem Argwohn,
bis er zu seinem Kummer
an ihrem Verhalten bemerkte,
dass die süße Liebe,
sie ganz und gar in ihre Fesseln geschlagen hatte,
so dass sie beide vor Sehnsucht
nach einander vergingen.
Das quälte

disem guoten herren dô.
er dâhte wider sich alsô:
»enhüete ich mînes wîbes niht,
mîn ouge lîhte an ir gesiht
daz mich hernâch geriuwet,
wan sie mir schaden briuwet
mit disem werden edeln man.
deiswâr ob ichz gefüegen kan,
ich bringes ûzer sîner wer.
über daz vil wilde mer
wil ich zwâre mit ir varn,
dur daz ich künne si bewarn
vor im unz daz er gar von ir
gewende sînes herzen gir
und si den muot von im geneme.
ich hôrte sagen ie daz deme
sîn liep vil sanfte würde leit
daz mit langer stætekeit
von im gescheiden würde gar.
dar umbe ich gerne mit ir var
zuo dem frônen gotes grabe,
unz daz si gar vergezzen habe
der hôhen minne die si treit
dem werden ritter vil gemeit.«

Alsus kam er des überein
daz er den gelieben zwein
ir trûtschaft wolde leiden,
diu niemer doch gescheiden
mohte werden under in.
er kêrte dar ûf sînen sin

diesen edlen Herrn sehr.
Er dachte bei sich:
»Wenn ich nicht auf meine Frau aufpasse,
muss ich vielleicht eines Tages etwas sehen,
was mich hinterher schmerzt,
denn sie wird mir Schaden zufügen
mit diesem edlen Mann.
Fürwahr, ich will es so einrichten,
dass ich sie seinem Einfluss entziehe.
Über das wilde Meer
werde ich mit ihr fahren – das ist gewiss –
um sie vor ihm zu schützen,
bis er von ihr
das Verlangen seines Herzens abwendet
und auch sie ihren Sinn von ihm abkehrt.
Ich habe sagen hören, dass jedem
sein Liebstes allmählich verleidet wird,
wenn man es über einen langen Zeitraum
gänzlich von ihm trennt.
Deshalb werde ich freiwillig
mit ihr zum heiligen Grab Gottes fahren,
bis sie die leidenschaftliche Liebe gänzlich vergessen hat,
die sie für den edlen und stattlichen Ritter empfindet.«
So beschloss er,
den beiden Liebenden
ihre Zuneigung zu verleiden,
die ihnen aber doch niemals
genommen werden konnte.
Er beabsichtigte,
mit seiner Frau tatsächlich

daz er mit der frouwen
benamen wolte schouwen
Jerusalem daz reine lant.
und dô der ritter daz bevant,
der nâch ir süezen minne bran,
dô wart der muotsieche man
vil schiere des ze râte
daz er nâch ir drâte
wolte ouch varen über mer.
in dûhte daz er âne wer
dâ heime tôt gelæge,
ob er sich des verwæge
daz er wendic würde.
der strengen minne bürde
twanc sô vaste sînen lîp
daz er durch daz schœne wîp
wær in den grimmen tôt gevarn;
dar umbe er doch niht langer sparn
wolte nâch ir sîne vart.
und dô des an im innen wart
diu süeze tugende rîche,
do besande in tougenlîche
daz vil keiserlîche wîp.
»friunt, herre«, sprach si, »lieber lîp,
mîn man ist an den willen komen,
als dû wol selbe hâst vernomen,
daz er mich flœhen wil von dir.
nû volge, trûtgeselle, mir
durch dîner hôhen sælden art
unde erwende dise vart,

das heilige Land Jerusalem
zu besuchen.
Als das jedoch der Ritter erfuhr,
der nach ihrer süßen Minne brannte,
fasste der liebeskranke Mann
sogleich den Entschluss,
ihr schnell
übers Meer nachzufahren.
Ihm schien es, dass er
zu Hause wehrlos sterben würde,
wenn er dieses Vorhaben
sein ließe.
Die Last der mächtigen Minne
bedrückte ihn so sehr,
dass er für die schöne Frau
auch in den bitteren Tod gegangen wäre.
Deshalb wollte er seine Reise
ihr nach nicht länger aufschieben.
Als die
Liebliche, Untadelige
seine Absicht bemerkte,
ließ sie ihn heimlich zu sich rufen,
die herrliche Frau.
»Freund, mein Herr«, sprach sie, »Geliebter,
mein Mann hat den Entschluss gefasst,
wie du ja selbst bereits erfahren hast,
mich von dir zu trennen.
Nun höre auf mich, Liebster,
bei deiner edlen Güte,
und verhindere diese Fahrt,

die sîn lîp hât ûf geleit
über daz wilde mere breit:
var alters eine drüber ê,
dar umbe daz er hie bestê.
wan swenne er hât von dir vernomen
daz dû bist vor im über komen,
sô belîbet er zehant,
und wirt der arcwân erwant
den sîn lîp hât ûfe mich,
wand er gedenket wider sich:
›wære an diesen dingen iht
der mîn herze sich versiht
an mînem schœnen wîbe guot,
der werde ritter hôchgemuot
wære niht von lande komen.‹
sus wirt der zwîvel im benomen
den wider mich sîn herze treit.
ouch sol dir niht wesen leit
ob dû bist eine wîle dort,
unz man verredet hie daz wort
daz von uns fliuget über lant.
sô dich her wider hât gesant
der vil süeze reine Crist,
sô hâstu sam mir alle frist
dînen willen deste baz,
ob man gar verredet daz
daz man ûf uns ze mære saget.
dem edeln gote sîz geclaget
daz du nâch dem willen dîn
niht iemer maht bî mir gesîn

die er sich vorgenommen hat
über das weite und gefährliche Meer.
Fahre du zuvor allein hinüber,
damit er hierbleibt.
Denn sobald er von dir gehört hat,
dass du vor ihm angekommen bist,
so bleibt er sicherlich hier
und sein Verdacht wird zerstreut,
den er gegen mich hegt,
weil er sich dann denkt:
›Wäre etwas von den Befürchtungen wahr,
die ich tief im Herzen,
über meine schöne und edle Frau hege,
dann hätte der hochgeborene, stolze Ritter
nicht das Land verlassen.‹
So wird der Zweifel von ihm genommen,
den sein Herz gegen mich hegt.
Auch sollst du nicht traurig darüber sein,
wenn du eine Weile dort bleibst,
bis das Gerede aufhört,
dass sich über uns im Land verbreitet hat.
Wenn dich
der barmherzige und gütige Christus wieder zurückschickt,
so werden wir beide zusammen für alle Zeit
unseren Willen viel eher haben,
wenn das Gerede vorbei ist,
das es über uns gibt.
Dem allmächtigen Gott sei es geklagt,
dass du nicht nach deinem Willen
für immer bei mir sein kannst

und ich bî dir nâch mîner ger.
nu genc, vil lieber herre, her,
enpfâch von mir diz vingerlîn:
dâ bî soltû der swære mîn
gedenken under stunden,
dâ mite ich bin gebunden,
sô dich mîn ouge niht ensiht:
wan zwâre swaz sô mir geschiht,
ich muoz an dich gedenken,
dîn vart diu kan mir senken
jâmer in mîns herzen grunt.
gip mir her an mînen munt
einen süezen friundes kus
und tuo dur mînen willen sus
als ich hân gesaget dir.«
»gerne, frouwe«, sprach er zir
ûz trüebes herzen sinne,
»swaz ich daran gewinne,
ich tuon mit willen swaz ir went.
ich hân sô gar an iuch versent
herze, muot und ouch den sin,
daz ich iu von rehte bin
eigenlichen undertân.
nu lânt mich iuwern urloup hân,
ûzerwelte frouwe guot,
und wizzent daz mîn sender muot
nâch iu muoz grôzen kumber doln.
ich bin sô gar an iuch verquoln
mit herzen und mit lîbe,
liebest aller wîbe,

und ich nicht bei dir, wie ich es mir wünsche.
Nun komm zu mir her, geliebter Herr,
und nimm diesen Ring von mir,
durch den sollst du an meinen Kummer
hin und wieder erinnert sein,
mit dem ich an dich gebunden bin,
wenn ich dich nicht sehe.
Denn wahrlich, was mir auch geschehen mag,
ich werde an dich denken.
Deine Reise wird mir
den Schmerz bis an den Grund meines Herzens senken.
Gib mir auf meinen Mund
den süßen Kuss des Geliebten
und handle mir zuliebe so,
wie ich es dir gesagt habe.«
»Gerne, Herrin«, sprach er zu ihr
mit betrübtem Herzen,
»was immer es für mich bedeuten mag,
ich mache alles, was Ihr wollt.
Ich habe mich so vollständig an Euch verloren,
mit Herz, Sinn und Verstand,
dass ich Euch zu Recht
wie ein Leibeigener gehöre.
Nun lasst mich Abschied von Euch nehmen,
auserwählte, edle Frau,
und wisst, dass mein sehnsuchtsvolles Gemüt
euretwegen großen Kummer leiden wird.
Ich verzehre mich in Liebessehnsucht so sehr nach Euch,
mit Herz und Leib,
liebste aller Frauen,

daz ich des michel angest habe,
man trage tôten mich ze grabe,
ê daz diu sælde mir geschehe
daz ich iuch iemer mê gesehe.«
Hie mite was diu rede hin
die si dâ triben under in
von ir herzeleide.
diu zwei gelieben beide
schieden sich mit marter,
und twungen sich dô harter
ze herzen an der stunde
danne ich mit dem munde
iu bescheiden künne.
an werltlicher wünne
lag ir beider herze tôt:
ir liehten münde rôsenrôt
vil senfter küsse pflâgen,
dar nâch si sich verwâgen
aller fröuden under in.
der werde ritter kêrte hin
mit jâmer an daz mer zehant;
den êrsten kiel den er dâ vant,
darinne wart er über brâht.
er hæte sich des wol bedâht
daz er ûf der erden
niemer wolte werden
fröudehaft noch rehte frô,
got gefuoctez danne alsô
daz er ze lande quæme
und etewaz vernæme

dass ich große Angst davor habe,
man werde mich tot zu Grabe tragen,
bevor mir das Glück zuteil wird,
Euch irgendwann einmal wieder zu sehen.«
Damit war das Gespräch zu Ende,
das sie miteinander führten
über ihr Herzensleid.
Die beiden Geliebten
trennten sich unter Qualen
und drückten sich
in dem Augenblick fester ans Herz,
als ich es euch mit meinen Worten
sagen könnte.
Für weltliche Freuden
waren ihre beiden Herzen gestorben.
Ihre leuchtenden, rosenroten Lippen
tauschten viele zärtliche Küsse,
danach verzichteten sie
auf alle Freuden miteinander.
Der edle Ritter brach
voller Jammer sofort zum Meer auf
und ließ sich mit dem ersten Schiff,
das er vorfand, übersetzen.
Er war davon überzeugt,
auf dieser Welt
niemals wieder
froh und glücklich sein zu können,
es sei denn, Gott würde es fügen,
dass er wieder ins Land zurückkäme
und etwas hörte

von der lieben frouwen sîn.
des wart sîn herzeclîcher pîn
vil strenge und ouch vil bitter:
der tugenthafte ritter
begunde nâch ir trûren
und in sîn herze mûren
vil jâmerlîche riuwe.
sîn altiu sorge niuwe
nâch ir süezen minne wart.
der reinen turteltûben art
tet er offenlîche schîn,
wande er nâch dem liebe sîn
vermeit der grüenen fröuden zwî
und wonte stæteclîche bî
der dürren sorgen aste.
er sente nâch ir vaste,
und wart sîn leit sô rehte starc
daz im der jâmer durch daz marc
dranc unz an der sêle grunt;
er wart vil tiefer sorgen wunt
und innecliche swære.
der sende marteræere
sprach ze maneger stunde
mit siufzendem munde:
»gêret sî daz reine wîp,
der leben und der süezer lîp
mir gît sô herzeclichen pîn.
jâ si liebiu frouwe mîn,
wie kan ir süeziu meisterschaft
sô bitterlicher nœte craft

von seiner geliebten Herrin.
So war seine Herzensqual
sehr stark und auch sehr bitter.
Der vortreffliche Ritter
trauerte ihr nach
und vermauerte in seinem Herzen
den jammervollen Schmerz.
Seine alte Sehnsucht
nach ihrer süßen Liebe erneuerte sich stets.
Nach der Art der unschuldigen Turteltaube
verhielt er sich offenkundig,
denn aus Sehnsucht nach der Geliebten
mied er den Zweig der grünenden Freude
und blieb beständig
auf dem Ast der dürren Trübsal.
Es sehnte sich sehr nach ihr
und sein Leid wurde so übermächtig,
dass ihm der Liebeskummer durch das Mark
bis in den Grund der Seele drang.
Er war verwundet von dem tiefen Leid
und der inneren Schwermut.
Der sehnsuchtskranke Märtyrer
sprach immer wieder
unter Seufzern:
»Gepriesen sei die reine Frau,
deren Wesen und schöne Gestalt
mir solche Herzensqual bereiten.
Ach überaus geliebte Herrin!
Wie kann ihre süße Herrschaft
mir so bitterliche Qualen

senden mir ze herzen!
wie mac sô grôzen smerzen
ir vil sælic lîp gegeben!
sol si trœsten niht mîn leben,
sô bin ich endelîche tôt.«

In dirre clagenden herzenôt
was er mit jâmer alle tage,
und treip sô lange dise clage
biz er ze jungest wart geleit
in alsô sende siecheit
daz er niht langer mohte leben.
im wart sô grimmiu nôt gegeben
daz man wol ûzen an im sach
den tougenlichen ungemach
den innerhalp sîn herze truoc.
und dô der werde ritter cluoc
der leiden mære sich versach
daz im ze sterbenne geschach,
dô sprach er zuo dem cnehte sîn:
»vernim mich, trûtgeselle mîn;
ich bevinde leider wol
daz ich benamen sterben sol
dur liebe mîner frouwen,
wan si mich hât verhouwen
biz ûf den tôt mit sender clage.
dar umbe tuo daz ich dir sage:
swenne ich sî verdorben
unde ich lige erstorben
durch daz keiserlîche wîp,
sô heiz mir snîden ûf den lîp

in das Herz senken?
Wie kommt es, dass eine so beseligende Gestalt
so große Schmerzen verursachen kann.
Sollte sie meinem Leben nicht Hoffnung geben,
werde ich am Ende den Tod finden.«
In dieser tiefen Herzensqual
verbrachte er jammernd alle Tage
und klagte so lange,
bis er zuletzt
so krank vor Sehnsucht wurde,
dass er nicht mehr weiterleben konnte.
Ihn erfasste ein so entsetzlicher Schmerz,
dass man es ihm schon äußerlich ansah,
welch heimliches Leid
er drinnen in seinem Herzen trug.
Als es nun dem edlen und feinen Ritter
zur traurigen Gewissheit wurde,
dass er sterben musste,
sprach er zu seinem Knappen:
»Höre mich, treuer Freund,
ich spüre sehr genau,
dass ich wahrhaftig sterben muss
aus Liebe zu meiner Herrin,
denn sie hat mich durch die Qual der Sehnsucht
zu Tode verwundet.
Darum tu, was ich dir sage:
Wenn ich gestorben bin
und tot daliege
wegen dieser herrlichen Frau,
dann lass meinen Leib aufschneiden

und nim dar ûz mîn herze gar,
bluotic unde riuwevar;
daz soltu denne salben
mit balsam allenthalben,
durch daz ez lange frisch bestê.
vernim waz ich dir sage mê:
frum eine lade cleine
von golde und von gesteine,
dar în mîn tôtez herze tuo,
und lege daz vingerlîn dar zuo
daz mir gab diu frouwe mîn:
sô diu zwei bî einander sîn
verslozzen und versigelet,
sô bring alsô verrigelet
si beidiu mîner frouwen,
durch daz si müge schouwen
waz ich von ir habe erliten,
und wie mîn herze sî versniten
nâch ir vil süezen minne.
si hât sô reine sinne
und alsô ganze triuwe
daz ir mîn jâmer niuwe
lît iemer an ir herzen,
bevindet si den smerzen
den ich durch si lîden sol.
dar umbe tuo sô rehte wol
unde erfülle mîn gebot.
der reine und der vil süeze got,
der kein edel herze nie
mit der helfe sîn verlie,

und nimm mir das Herz ganz heraus,
blutig und trauerfarben, wie es ist,
das sollst du dann einsalben,
rundum mit Balsam,
damit es lange frisch bleibt.
Höre weiter, was ich dir auftrage:
Bereite ein kleines Kästchen
aus Gold und Edelsteinen her,
und lege mein totes Herz hinein,
lege auch den Ring dazu,
den mir meine Herrin gegeben hat.
Sobald die beiden zusammen liegen,
verschlossen und versiegelt,
bringe beide so verwahrt
zu meiner Herrin,
damit sie sehen kann,
was ich um ihretwillen erlitten habe
und wie mein Herz verwundet ist
durch die zärtliche Liebe zu ihr.
Sie hat eine so reine Gesinnung
und ist von so vollkommener Treue,
dass ihr mein Leid immer wieder neu
am Herzen liegen wird,
wenn sie von dem Schmerz erfährt,
den ich ihretwegen erleiden muß.
Darum halte dich genau daran
und erfülle meinen Auftrag.
Der reine und barmherzige Gott,
der niemals einem edlen Herzen
seine Hilfe verwehrt hat,

der ruoche sich erbarmen
über mich vil armen,
und müeze der vil lieben geben
fröud unde ein wünneclichez leben,
von der ich hie muoz ligen tôt.«

Mit dirre clagenden herzenôt
der ritter nam sîn ende.
dar umbe sîne hende
der cneht vil jâmerlîche want;
er hiez in snîden ûf zehant
unde erfulte im sîne bete.
swaz er in ê gebeten hete
daz tet er unde kêrte dan
als ein fröudelôser man
mit dem herzen alsô tôt.
er fuorte ez, als er im gebôt,
zuo der selben veste
dâ er si ûfe weste
durch die der liebe herre sîn
leit des grimmen tôdes pîn.

Dô er zuo der veste quam
dâ diu frouwe tugentsam
was inne bî der selben zît,
dô reit im ûf dem velde wît
ir man engegen von geschiht
und wolte, als uns daz mære giht,
dâ lîhte hân gebeizet.
des wart der cneht gereizet
ûf clegelichez ungemach;
wan dô der ritter in gesach,

der möge sich
über mich Unglücklichen erbarmen
und der Geliebten
Freude und ein glückliches Leben geben,
durch die ich hier sterben muss.«
In so klagender Herzensqual
nahm der Ritter sein Ende.
Darüber rang der Knappe
jammervoll die Hände;
er ließ ihn sofort aufschneiden
und erfüllte ihm seine Bitte.
Alles, worum er ihn vorher gebeten hatte,
tat er und kehrte
als trauriger Mann
mit dem toten Herzen zurück.
Er brachte es, wie ihm aufgetragen war,
zu der selben Burg,
auf der er die wusste,
derentwegen sein geliebter Herr
die Qual des grimmigen Todes erlitten hatte.
Als er zu der Burg kam,
wo sich die tugendhafte Frau
zu dieser Zeit aufhielt,
da ritt ihm auf dem freien Feld
zufällig ihr Mann entgegen
und wollte, wie die Geschichte uns berichtet,
dort wohl der Falkenjagd nachgehen.
Das brachte den Knappen
in sorgenvolle Unruhe,
denn als der Ritter ihn erblickte,

dô gedâhte er alzehant:
»zwâre, dirre ist her gesant
umb anders niht wan umbe daz
daz er mæres etewaz
bringe mînem wîbe
von sînes herren lîbe
der nâch ir minne jâmer treit.«
hie mite er zuo dem cnehte reit
und wolte in mære frâgen sâ.
dô gesach er schiere dâ
die lade von gezierde cluoc,
darinnen er daz herze truoc
und der frouwen vingerlîn.
er hætes an den gürtel sîn
gehenket beidiu von geschiht
als ob ez wære anders iht.
  Dô der ritter daz ersach,
den cnappen gruozte er unde sprach,
waz er dar inne trüege.
dô sprach der vil gefüege
und der getriuwe jungelinc:
»herr, ez ist einer hande dinc
daz verre bî mir ist gesant.«
»lâ sehen«, sprach er alzehant,
»waz drinne sî verborgen!«
dô sprach der cneht mit sorgen:
»zwâre des entuon ich niht,
kein mensche ez niemer gesiht
wan der ez sol von rehte sehen.«
»nein, alsô mag ez niht geschehen«,

dachte dieser sich sogleich:
»Bestimmt ist der da
wegen nichts anderem hierher geschickt worden,
als meiner Frau
eine Nachricht zu bringen
von seinem geliebten Herrn,
der sich klagend nach ihrer Liebe sehnt.«
Damit ritt er auf den Knappen zu
und wollte auf der Stelle nach dieser Nachricht fragen.
Da sah er sogleich
das kunstvoll verzierte Kästchen,
in dem sich das Herz
und der Ring der Frau befanden.
Er hatte es wie zufällig
an seinen Gürtel gehängt,
als ob es nichts Besonderes wäre.
Als der Ritter das sah,
grüßte er den Knappen und fragte,
was er darin trage.
Da antwortete der gehorsame
und artige Jüngling:
»Herr, es ist etwas,
das durch mich von weit her gesandt worden ist.«
»Lass sehen«, befahl der Ritter sofort,
»was darin verborgen ist!«
Da antwortete der Knappe besorgt:
»Nein, das mache ich sicherlich nicht,
kein Mensch wird es jemals sehen,
außer dem, der das Recht dazu hat.«
»Nein, so wird es nicht geschehen!«,

sprach der ritter aber zime,
»wand ich dirz mit gewalte nime
und schouwe ez sunder dînen danc.«
Dar nâch was vil harte unlanc
biz daz er im daz ledelîn
brach von deme gürtel sîn.
daz tet er ûf mit sîner hant:
daz herze sach er unde vant
dâ bî der frouwen vingerlîn.
an den zwein wart ime schîn
daz der ritter læge tôt
und disiu beidiu sîner nôt
ein urkünde wæren
ze der vil sældenbæren.
Der ritter sprach dem cnehte zuo:
»ich sage dir, cnappe, waz du tuo:
var dîne strâze, wellest dû,
ich wil daz cleinœte nû
mir selben hân, daz sage ich dir.«
Sus reit er heim nâch sîner gir
und sprach ze sînem koche sâ,
daz er im ûz dem herzen dâ
ein cleine sundertrahte
mit hôhem flîze mahte.
daz tet der koch mit willen gar:
er nam zuo im daz herze dar
und mahte ez alsô rehte wol
daz man enbîzen niemer sol
dekeiner slahte spîse,
diu alsô wol nâch prîse

erwiderte ihm der Ritter noch einmal,
»weil ich es dir mit Gewalt abnehmen
und auch ohne deine Erlaubnis ansehen werde.«
Es dauerte nicht lange,
bis er ihm das Kästchen
vom Gürtel gerissen hatte
und es eigenhändig öffnete:
er sah das Herz
und daneben den Ring seiner Frau.
An diesen beiden erkannte er,
dass der Ritter gestorben war
und sie ein Zeugnis waren
für die Not
um die beglückende Geliebte.
Der Ritter sagte zum Knappen:
»Ich sage dir, Knappe, was du zu tun hast;
zieh deines Weges, wie du willst,
ich werde dieses Kleinod
nun für mich behalten, das lass dir gesagt sein.«
Daraufhin ritt er eilig heim
und befahl dort seinem Koch sogleich,
dass er ihm aus diesem Herzen
ein feines köstliches Gericht
mit großer Sorgfalt zubereite.
Das tat der Koch mit großem Eifer:
Er nahm das Herz
und bereitete es so sorgfältig zu,
dass man wohl niemals mehr
ein Gericht wird essen können,
das ebenso vorzüglich

mit edeln würzen sî gemaht
als daz herze vil geslaht.
Als ez wart gar bereitet,
dô wart niht mê gebeitet;
der wirt gienc ezzen über tisch
und hiez tragen alsô frisch
die trahte sînem wîbe dar.
»frouwe«, sprach er suoze gar,
»diz ist ein spîse cleine,
die solt du ezzen eine,
wan dû ir niht geteilen maht.«
sus nam diu frouwe vil geslaht
und az ir friundes herze gar,
alsô daz si niht wart gewar
welher slahte ez möhte sîn.
daz jâmerlîche trehtelîn
sô süeze dûhte ir werden munt
daz si dâ vor ze keiner stunt
nie dekeiner spîse gaz
der smac ir ie geviele baz.
Dô diu frouwe stæte
daz herze gezzen hæte,
dô sprach der ritter alzehant:
»frouwe, nû tuo mir bekant,
wie disiu trahte dir behage.
ich wæne daz du dîne tage
enbizzest keiner spîse nie
süezer, frouwe, denne die.«
»Lieber herre«, sprach si dô,
»niemer werde ich rehte frô,

mit kostbaren Gewürzen versehen war,
wie dieses überaus edle Herz.
Als es fertig zubereitet war,
wurde nicht länger gewartet,
der Herr des Hauses setze sich zum Essen an den Tisch
und ließ das frische Gericht
für seine Gemahlin auftragen.
»Herrin«, sprach er in süßen Worten,
»das ist eine besonders feine Speise,
die sollst du alleine essen,
denn teilen kannst du sie nicht.«
So nahm die vornehme Frau davon
und aß das Herz des Geliebten ganz auf,
ohne dass sie bemerkte,
worum es sich handelte.
Dieser schauderhafte Leckerbissen
erschien ihrem feinem Gaumen so köstlich,
dass sie niemals vorher
eine Speise gegessen hatte,
deren Geschmack ihr besser gefiel.
Nachdem die treue Frau
das Herz gegessen hatte,
sagte der Ritter sogleich:
»Meine Dame, nun lass mich wissen,
wie dir dieses Gericht geschmeckt hat.
Ich glaube, dass du dein Leben lang
noch keine Speise gegessen hast,
die köstlicher war als diese.«
»Lieber Herr«, antwortete sie,
»nie mehr will ich richtig froh sein,

ob ich ie spîse gæze
diu sô zuckermæze
mich dûhte und alsô reine
sô disiu trahte cleine
der ich iezuo hân bekort.
aller spîse ein überhort
muoz si mir benamen sîn.
sprechent, lieber herre mîn,
ist diz ezzen lobesam
gewesen wilde oder zam?«
»Frouwe«, sprach er aber zir,
»vernim vil rehte waz ich dir
mit worten hie bescheide:
zam und wilde beide
was disiu trahte, sam mir got!
den fröuden wilde sunder spot,
den sorgen zam ân underlâz:
du hâst des ritters herze gâz
daz er in sîme lîbe truoc,
der nâch dir hât erliten gnuoc
jâmers alle sîne tage.
geloube mir waz ich dir sage.
er ist von sender herzenôt
nâch dîner süezen minne tôt,
und hât dir daz herze sîn
und daz guote vingerlîn
zeim urkünde her gesant
bî sînem cnehte in ditze lant.«
Von disem leiden mære
wart diu sældenbære

wenn ich jemals eine Speise gegessen habe,
die mir so zuckersüß
und so vollkommen erschien,
wie diese feine Mahlzeit,
die ich gerade gekostet habe.
Als die Krönung aller Speisen,
muss ich sie wirklich anerkennen.
Sag mir, mein lieber Herr,
stammt dieses wunderbare Gericht
von wilden oder zahmen Tieren?«
»Herrin«, erwiderte er ihr,
»höre genau zu,
was ich dir jetzt erkläre:
wild und zahm zugleich
war diese Speise, bei Gott.
Fremd für die Freude ganz gewiss
und immerzu vertraut für den Kummer:
du hast das Herz des Ritters gegessen,
das er in seinem Leib trug,
er hat deinetwegen sein Leben lang
genug Kummer gelitten.
Glaub mir, was ich dir sage,
er ist aus quälender Sehnsucht
nach deiner süßen Liebe gestorben
und hat dir sein Herz
und den schönen Ring
als Beweis
durch seinen Knappen in unser Land geschickt.«
Bei dieser schrecklichen Nachricht
wurde die zum Glück Bestimmte

als ein tôtez wîp gestalt,
ir wart in deme lîbe kalt
daz herze, daz geloubent mir.
ir blanken hende enphielen ir
beide fürsich in die schôz,
daz bluot ir ûz dem munde dôz,
als ir diu wâre schult gebôt.
»jâ«, sprach si dô mit maneger nôt,
»hân ich sîn herze denne gâz
der mit hât ân underlâz
von grunde ie holden muot getragen,
sô wil ich iu benamen sagen,
daz ich nâch dirre spîse hêr
dekeiner trahte niemer mêr
mich fürbaz wil genieten.
got sol mir verbieten
durch sînen tugentlichen muot,
daz nâch sô werder spîse guot
in mich kein swachiu trahte gê.
enbîzen sol ich niemer mê
dekeiner slahte dinges,
wan des ungelinges
daz geheizen ist der tôt.
ich sol mit sender herzenôt
verswenden hie mîn armez leben
umb in der durch mich hât gegeben
beidiu leben unde lîp.
ich wære ein triuwelôsez wîp,
ob ich gedæhte niht daran
daz er vil tugenthafter man

totenbleich,
das Herz erkaltete ihr
im Leib, das könnt ihr mir glauben,
ihre weißen Hände fielen ihr
beide in den Schoß,
Blut schoss aus ihrem Mund,
wie es ihr die wahre Liebeschuld gebot.
»Ja«, sprach sie, unter großen Mühen,
»wenn ich also das Herz dessen gegessen habe,
der mir stets
aus ganzer Seele zugetan war,
so will ich Euch versichern,
dass ich nach dieser edlen Speise
niemals wieder einen Bissen
zu mir nehmen werde.
Gott selbst möge mich davor bewahren
bei seiner Güte,
dass nach einer so edlen Mahlzeit
jemals eine geringere Nahrung in mich eingeht.
Ich werde nie wieder
irgendetwas genießen,
außer das Unheil,
das der Tod genannt wird.
Ich will mit quälender Sehnsucht
mein armseliges Leben hingeben für den,
der um meinetwillen
Leib und Leben verloren hat.
Ich wäre eine treulose Frau,
wenn ich nicht daran dächte,
dass dieser so edle Mann

sante mir sîn herze tôt.
wê daz mir ie nâch sîner nôt
wart einen tac daz leben schîn!
zwâr ez enmac niht langer sîn
daz ich âne in eine lebe,
und er in deme tôde swebe
der vor mir triuwe nie verbarc.«
sus wart ir nôt sô rehte starc
daz si von herzenleide
ir blanken hende beide
mit grimme zuo einander vielt.
daz herze ir in dem lîbe spielt
von sender jâmerunge.

Hie mite gap diu junge
ein ende ir süezen lebene
und widerwac vil ebene
mit eime swæren lôte
swaz ir dâ vor genôte
ir friunt geborget hæte.
si galt mit ganzer stæte
und ouch mit hôhen triuwen ime.

Got welle, swaz ich dinges nime,
daz ich wider geben daz
müeze sanfter unde baz
dann ir vil reinez herze tete.
ich wæne daz an keiner stete
wart nie vergolten alsô gar
noch niemer wirt: des nim ich war
an den liuten die nu sint;
wand in froun Minnen underbint

mir sein totes Herz geschickt hat.
Weh mir, dass ich nach seiner Qual
auch nur einen Tag am Leben blieb.
Wahrlich, es kann nicht länger sein,
dass ich alleine ohne ihn lebe,
der schon tot ist
und der mir seine Treue immer bewies.«
So wurde ihr Schmerz so übermächtig,
dass sie vor Herzensleid
ihre reinen Hände
heftig ineinander drückte.
Das Herz brach ihr im Leib
vor sehnsuchtsvollem Schmerz.
　So bereitete die junge Frau
ihrem süßen Leben ein Ende
und wog sehr genau
mit schwerem Gewicht auf,
was ihr zuvor ihr Geliebter
so nachdrücklich gegeben hatte.
Sie vergalt es ihm mit großer Beständigkeit
und vollkommener Treue.
　Gott gebe, dass ich alles, was ich an Gaben bekomme,
leichter und einfacher
wieder geben kann,
als es ihr reines Herz getan hat.
Ich glaube, dass nirgendwo
etwas so vollständig vergolten wurde,
noch je vergolten wird: das sehe ich
an den Menschen, die heute leben,
denn ihre Bindung durch Frau Minne

lît niht sô strengeclichen an
daz beidiu frouwen unde man
zesamene gebunden sîn,
daz si des grimen tôdes pîn
nu durch einander lîden.
man slîzet ab der wîden
ein bast vil sterker mit der hant,
dann iezuo sî der minne bant
dâ nu liep bî liebe lît.
âne grimmes tôdes strît
werdent si gescheiden wol
die nu kumberlîche dol
durch einander wellent tragen.
frou Minne gît bî disen tagen
in selten alsô guoten kouf.
wîlen dô sie niender slouf
ze tugentlôser diete
umb alsô swache miete,
dô dûhte ir süezekeit sô guot
daz durch si manic edel muot
biz ûf den tôt versêret wart.
nu hât verkêret sich ir art
und ist sô cranc ir orden,
daz sie wol veile ist worden
den argen umbe ein cleinez guot.
dar umbe lützel iemen tuot
durch si nû dem lîbe wê.
man wil dar ûf niht ahten mê,
und tiuret daz vil cleine
daz sich algemeine

verpflichtet sie nicht so fest,
dass Frauen und Männer
so aneinander gefesselt sind,
dass sie die Qualen des grimmigen Todes
füreinander erleiden würden.
Man reißt von der Weide
mit der bloßen Hand ein stärkeres Bastseil ab,
als es heutzutage das Band der Liebe ist,
wenn Freund und Freundin zusammen sind.
Ohne harten Todeskampf
werden die voneinander getrennt,
die heute ein kummervolles Los
füreinander tragen sollten.
Frau Minne gibt ihnen heutzutage
nie einen so guten Gewinn.
Damals suchte sie sich niemals Unterschlupf
bei gewöhnlichen Leuten
für einen derart geringen Lohn,
damals galt ihre Herrlichkeit so viel,
dass durch sie manch ein edles Gemüt
bis auf den Tod verwundet wurde.
Nun hat sich ihr Wesen gewandelt
und ihr Rang ist so niedrig,
dass sie käuflich geworden ist
für schlechte Menschen um eine Kleinigkeit.
Deswegen nimmt auch kaum noch jemand
ihretwegen Leid auf sich.
Man will darauf nicht mehr achten
und schätzt das gering,
was den Leuten

den liuten hât gemachet,
daz ist dâ von geswachet.
als ist ez umb die minne:
gewünne si die sinne
daz si noch tiurre würde,
ez wære jâmers bürde
nie geleget vaster an
dann iezuo frouwen unde man:
ez würde nâch ir sô gestriten
und für einander sô geliten
daz man ez gerne möhte sehen.
Niht anders kan ich iu verjehen,
von Wirzeburc ich Cuonrât.
swer alsô reine sinne hât
daz er daz beste gerne tuot,
der sol diz mære in sînen muot
dar umbe setzen gerne,
daz er dâ bî gelerne
die minne lûterlichen tragen.
kein edel herze sol verzagen!

allgemein wurde;
das verliert dadurch an Wert.
So steht es um die Minne:
Würde sie die Haltung gewinnen,
dass sie wieder kostbarer würde,
dann wäre die Last des Jammers
niemandem stärker auferlegt,
als jetzt Frauen und Männern.
Es würde wieder so um sie gekämpft
und füreinander so gelitten,
dass man es mit Freude sähe.

Nichts anderes kann ich euch erzählen,
ich, Konrad von Würzburg:
Wer eine so reine Gesinnung hat,
dass er das Beste gerne tut,
der soll diese Geschichte bereitwillig
in sich aufnehmen,
um daraus zu lernen,
die Minne rein zu bewahren.
Kein edles Herz soll verzagen!

Heinrich von Kempten und Kaiser Otto

Ein keiser Otte was genannt,
des magencrefte manic lant
mit vorhten undertænic wart.
schœn unde lanc was im der bart,
wand er in zôch viel zarte,
und swaz er bî dem barte
geswuor, daz liez er allez wâr.
er hete rœtelehtez hâr
und was mitalle ein übel man.
sîn herze in argem muote bran
daz er bewârte an maneger stete:
swer iht wider in getete,
der muoste hân den lîp verlorn.
über swen der eit gesworn
von des keisers munde wart:
»du garnest ez, sam mir mîn bart!«
der muoste ligen tôt zehant,
wand er dekeine milte vant
an sîner hende danne.
sus hete er manegem manne
daz leben und den lîp benomen,
der von sînen gnâden komen
was durch hôher schulde werc.
Nu hæte er dâ ze Bâbenberc
in der schœnen veste wît
gemachet eine hôchgezît,
und was diu zeinen ôstern.
des quâmen ûzer clôstern

Heinrich von Kempten und Kaiser Otto

Ein Kaiser hieß Otto.
Unter seiner Herrschaft
standen furchtsam viele Länder.
Schön und lang war sein Bart,
denn er pflegte ihn sehr sorgfältig,
und alles, was er bei seinem Bart
geschworen hatte, das hielt er ein.
Er hatte rotes Haar
und war insgesamt ein böser Mensch.
Sein Herz brannte vor Missgunst,
das bewies er immer wieder.
Wer etwas gegen ihn unternahm,
hatte sein Leben verloren.
Jeder, gegen den aus dem Mund des Kaisers
der Schwur gerichtet wurde,
»Du sollst es büßen, bei meinem Bart!«,
musste auf der Stelle sterben,
weil er dann vor ihm
keine Gnade mehr fand.
Auf diese Weise hatte er so manchem Mann
das Leben genommen,
der wegen eines großen Verschuldens
in seine Ungnade gefallen war.
Einmal ließ er dort in Babenberg
in der schönen und stattlichen Burg
ein Fest vorbereiten,
das war zu Ostern.
Zu diesem kamen aus ihren Klöstern

vil hôher ebbete in den hof
und manic werder bischof,
der mit êren îlte dar.
ouch quâmen dar in liehter schar
grâven, frîen, dienestman,
die daz rîche hôrten an
und den keiserlichen voget,
die quâmen alle dar gezoget
in wünneclicher presse.
nu daz gesungen messe
was an dem ôsterlichen tage,
dô wâren sunder leides clage
al die tische dâ bereit,
und het man brôt dar ûf geleit
und manic schœne trincvaz
dar ûf gesetzet umbe daz,
sô der keiser Otte
mit sîner fürsten rotte
von deme münster quæme,
daz er dâ wazzer næme
und er enbizze sâ zehant.
Nu was durch hovezuht gesant
ein werder juncherre dar,
der edel unde wünnevar
an herzen und an lîbe schein.
die liute im alle sunder mein
vil hôhen prîs dâ gâben.
sîn vater was von Swâben
herzoge vil gewaltec,
des gülte manicvaltec

viele hohe Äbte an den Hof,
und auch manch edler Bischof
eilte mit Ehrerbietung dorthin.
In prächtiger Schar kamen auch
Grafen, Freie, Dienstmänner,
die dem Reich angehörten
und dem kaiserlichen Schirmherrn unterstanden.
Sie alle zogen dorthin
in freudigem Gedränge.
Als am Ostertag
die Messfeier beendet war,
hatte man die Tische
schon mit besonderer Sorgfalt gedeckt,
Brot darauf aufgeteilt,
und viele schöne Trinkbecher
auf diese gestellt,
damit Kaiser Otto,
zusammen mit der Schar der Fürsten,
nach seiner Rückkehr aus dem Münster
sich die Hände waschen
und sogleich mit dem Essen beginnen könne.
Um höfische Sitten zu lernen,
war auch ein edler Knabe dorthin gesandt,
dessen Adel und Schönheit
von innen und von außen erstrahlte.
Alle Leute zeigten ihm gegenüber
unwillkürlich hohe Anerkennung.
Sein Vater war
der überaus mächtige Herzog von Schwaben,
dessen reiche Einkommen

solt erben dirre aleine.
der selbe knabe reine
des tages dâ ze hove gie
vor den tischen unde lie
dar ûf die blanken hende sîn:
ein lindez brôt nam er dar în,
des brach der hôchgeborne knabe
ein lützel unde ein wênic abe
und wolte ez ezzen sam diu kint,
diu des sites elliu sint
und in der wille stât dar zuo
daz si gerne enbîzent fruo.
Der junge fürste wünnesam,
als er daz brôt an sich genam
und ein teil gebrach dar abe,
dô gienc aldâ mit sîme stabe
des keisers truhsæze
und schihte daz man æze,
sô man gesungen hæte gar.
der selbe der wart des gewar,
daz der juncherre wert
des brôtes hæte dâ gegert.
des wart er zornic sâ zehant:
der site sîn was sô gewant
daz in muote ein cleine dinc.
des lief er an den jungelinc
mit eime stabe den er truoc,
dâ mite er ûf daz houbet sluoc
den knaben edel unde clâr,
daz im diu scheitel und daz hâr

er allein erben sollte.
Eben dieser unschuldige Knabe
ging am gleichen Tag dort bei Hof
an den Tischen entlang, legte
seine makellos reinen Hände darauf
und nahm sich ein helles Brot.
Davon brach der hochgeborene Knabe
ein winziges Stück ab
und wollte es essen, wie sich die Kinder
einmal nun alle benehmen,
wenn ihnen der Sinn danach steht,
gerne etwas vor der Zeit zu essen.
Gerade als der schöne junge Fürst
dort das Brot an sich genommen
und ein Stück davon abgebrochen hatte,
kam mit seinem Stab
der Truchsess des Kaisers vorbei,
um einzuteilen,
was nach der Messe gegessen werden sollte.
Da bemerkte er,
dass der edle Knabe
das Brot genommen hatte.
Er wurde sogleich zornig,
denn sein Wesen war so,
dass ihn jede Kleinigkeit aufregte.
Deshalb lief er mit seinem Stab
auf den Jüngling zu
und schlug damit dem edlen und schönen Knaben
so heftig auf den Kopf,
dass ihm der Scheitel und das Haar

von rôtem bluote wurden naz.
des viel er nider unde saz
und weinde manegen heizen trahen,
daz in der truhsæze slahen,
getorste. daz ersach ein helt,
der was ein riter ûzerwelt
und hiez von Kempten Heinrich;
sîn edel muot der hæte sich
rîlicher manheit an genomen.
er was mit deme kinde komen
von Swâben dar, als ich ez las,
wand er sîn zuhtmeister was
und in nâch ganzer wirde zôch.
daz man den juncherren hôch
als unerbermelichen sluoc,
daz muote in sêre und übel gnuoc
und was im leit und ungemach.
zuo dem truhsæzen sprach
der unverzagte ritter dô
harte zorniclîche alsô:
»waz habent ir gerochen
Daz ir nu hânt zebrochen
iuwer ritterlichen zuht,
daz ir eins edeln fürsten fruht
als übellîche habet geslagen?
ich will iu nemelichen sagen:
ir werbent anders danne ir sult,
sît daz ir sunder alle schult
geslagen hânt den herren mîn.«
»daz lânt iu gar unmære sîn!«

nass von rotem Blut wurden.
Er stürzte nieder und blieb sitzen
und weinte viele bittere Tränen,
weil der Truchsess es gewagt hatte,
ihn zu schlagen. Das sah ein Held,
der war ein außergewöhnlicher Ritter
und hieß Heinrich von Kempten.
Er war von edler Gesinnung
und herausragender Tapferkeit.
Er war zusammen mit dem Kind
aus Schwaben dorthin gekommen, so habe ich es gelesen,
weil er sein Erzieher war
und ihn zu vollkommener Würde anleitete.
Dass man den hochgeborenen Knaben
so erbarmungslos züchtigte,
brachte ihn gewaltig auf
und es betrübte ihn schmerzlich.
Der furchtlose Ritter
stellte den Truchsessen
sofort wutentbrannt zur Rede:
»Was habt Ihr denn da vergelten wollen,
dass Ihr Eure ritterliche Erziehung
so missachtet
und den Nachkommen eines adeligen Fürsten
derart übel geschlagen habt?
Ich sage es Euch ausdrücklich:
Ihr verhaltet Euch anders, als es Euch zusteht,
weil Ihr meinen Herrn geschlagen habt
ohne sein geringstes Verschulden.«
»Das geht Euch gar nichts an«,

sprach der truhsæze
»mir ist daz wol gemæze
deich ungefüegen schelken were
und einen iegelichen bere
der hie ze hove unzühtic ist.
lânt iuwer rede an dirre frist
belîben algemeine:
ich fürhte iuch alsô cleine
als der habich tuot daz huon.
waz welt ir nû dar umbe tuon
daz ich den herzogen sluoc?«
»daz wirt bekant iu schiere gnuoc«,
sprach von Kempten Heinrich,
»daz ir den fürsten edellich
sô vaste kunnet bliuwen,
daz sol iuch hie geriuwen,
wand ich vertrag es langer niht.
ir tugentlôser bœsewiht,
nu wie getorstet ir geleben
daz ir dem kinde hânt gegeben
als ungefüege biusche?
daz iuwer hant unkiusche
sô gar unedellîche tuot,
des muoz begiezen iuwer bluot
den sal und disen flecken.«
dô greif er einen stecken
als einen grôzen reitel:
er sluog in daz diu scheitel
im zerclahte sam ein ei,
und im der gebel spielt enzwei

antwortete der Truchsess.
»Mir steht das sehr wohl zu,
dass ich mich gegen ungezogene Fratzen wehre
und auch sonst jeden schlage,
der die höfischen Sitten verletzt.
Unterlasst Eure Rede
auf der Stelle,
denn ich fürchte mich vor Euch genauso wenig
wie der Habicht vor dem Huhn.
Was wollt Ihr jetzt noch dagegen unternehmen,
dass ich den Herzog geschlagen habe?«
»Das werdet Ihr schnell genug merken«,
antwortete Heinrich von Kempten,
»dass Ihr Euch unterstanden habt, den edlen Fürsten
derart heftig zu schlagen,
werdet Ihr hier und jetzt bereuen,
weil ich es nicht länger dulden werde.
Ihr tugendloser Bösewicht,
wie könnt Ihr es überhaupt noch wagen, am Leben zu bleiben,
seit Ihr dem Kind
solche heftigen Schläge zugefügt habt?
Weil Ihr in Eurer Unbeherrschtheit
so unziemlich gehandelt habt,
soll sich Euer Blut
überall im Saal und auf dieser Stelle ergießen.«
Da ergriff er einen Stock,
als wäre er ein gewaltiger Prügel,
und schlug ihn damit so sehr, dass ihm der Schädel
wie ein Ei zerplatzte
und ihm der Kopf entzweibrach,

reht als ein havenschirben,
daz er begunde zwirben
alumbe und umbe sam ein topf;
daz hirne wart im und der kopf
erschellet harte, dünket mich.
des viel er ûf den esterich
und lac dâ jâmerlichen tôt.
der sal wart sînes bluotes rôt.
dâ von huop sich en michel dôz
unde ein lûtgebrehte grôz.
Nû was ouch der keiser komen
und hæte wazzer dâ genomen
und waz gesezzen über tisch.
daz bluot begunde er alsô frisch
ûf dem esteriche sehen;
er sprach: »waz ist alhie geschehen?
wer hât den sal entreinet
und die getât erscheinet
daz er sô bluotic worden ist?«
zehant begunde im an der frist
sîn werdez ingesinde sagen,
daz im sîn truhsæze erslagen
wære bî der zît alsô.
mit zorne sprach der keiser dô:
»wer hât an im beswæret mich?«
»daz tet von Kempten Heinrich«
riefens algelîche.
»jâ«, sprach der keiser rîche,
»hât im der sînen lîp benomen,
sô ist er uns ze früeje komen

ganz so wie ein Tontopf,
und sich um sich selbst wirbelnd drehte,
wie ein Kreisel.
Das Hirn und der Kopf
waren ihm vollkommen zerschellt, so glaube ich.
So stürzte er auf den Boden
und lag da, jämmerlich erschlagen.
Der Saal war rot von seinem Blut.
Darüber erhob sich ein großer Lärm
und lautes Geschrei.
Inzwischen war auch der Kaiser gekommen
und hatte sich die Hände gewaschen
und an den Tisch gesetzt.
Da bemerkte er
das frische Blut auf dem Boden.
Er sprach: »Was ist hier passiert?
Wer hat den Saal beschmutzt
und diese Tat begangen,
wovon er so blutig geworden ist?«
Sogleich und ohne zu zögern
berichtete ihm seine hohe Dienerschaft,
dass ihm sein Truchsess
soeben erschlagen worden sei.
Zornig sprach daraufhin der Kaiser:
»Wer hat mich damit derart geschädigt?«
»Das tat Heinrich von Kempten«,
riefen sie alle.
»Wahrlich«, sagte der mächtige Kaiser,
»wenn der ihm das Leben genommen hat,
so ist er allzu zu früh aus Schwaben

von Swâben her in ditze lant.
er werde schiere nû besant
für mîn antlitze her;
ich will in frâgen war umb er
mir habe sô vaste an im geschadet.«
Sus wart der ritter dô geladet
für den keiser freissam.
und als er für sîn ougen quam
unde er in von êrste ersach,
mit zorne er wider in dô sprach:
»wie hânt ir, herre, alsus getobet,
daz mîn truhsæze hôchgelobet
von iu lît ermordet?
ir hânt ûf iuch gehordet
mîn ungenâde manicvalt;
iu sol mîn keiserlîch gewalt
erzeiget werden sêre;
ir hânt mîns hoves êre
und mînen prîs zebrochen;
daz wirt an iu gerochen;
der hôhe mein und diu geschiht
daz man den truhsæzen siht
von iu ze tôde erlempten.«
»nein, herre!« sprach von Kempten
der unverzagte Heinrich:
»lânt hie genâde vinden mich
und iuwer stæte hulde.
geruochent mîne unschulde
vernemen hie und mîne schult.
hab ich mit rehter ungedult

zu uns ins Land gekommen.
Gebt ihm sofort Bescheid,
dass er vor mein Angesicht treten soll!
Ich will ihn befragen, warum er
mir damit einen so großen Schaden zugefügt hat.«
Daraufhin wurde der Ritter
dem unbarmherzigen Kaiser vorgeführt.
Als er ihm unter die Augen kam,
kaum dass er ihn erblickte,
sprach er zornig zu ihm:
»Wie kommt Ihr dazu, Herr, so unsinnig zu rasen,
dass Ihr mir meinen hochgelobten Truchsess
ermordet habt?
Ihr habt Euch in jeder Hinsicht
meine Ungnade aufgebürdet.
Meine kaiserliche Macht werdet Ihr
deutlich zu spüren bekommen.
Ihr habt die Ehre meines Hofes
und mein Ansehen zerschlagen.
Das muss von Euch gesühnt werden,
dieser ungeheuerliche Frevel und die Tat,
dass der Truchsess
von Euch getötet wurde.«
»Nein, Herr!«, sprach
der mutige Heinrich von Kempten,
»Lasst mich hier Gnade finden
und Euer stetes Wohlwollen.
Hört bitte an,
ob ich unschuldig oder schuldig bin.
Habe ich durch meine gehörige Heftigkeit

verdienet iuwer vîentschaft,
sô lâzent iuwer magencraft
mich vellen unde veigen.
müg aber ich erzeigen
daz niht sî diu schulde mîn,
sô ruochent mir genædic sîn
daz ir mir niht übels tuont.
durch den got der hiute erstuont
an disem ôsterlichem tage,
sô gunnet mir daz ich bejage
iuwer keisterlîche gunst.
sît daz ir habent die vernunst
daz ir von art bescheiden sît,
sô êrent diese hôchgezît
an mir vil armen hiute,
lânt mich der werden liute
geniezen die man schouwet hie.
kein schulde wart sô michel nie
dan hœre zuo genâden teil:
dur daz sô lâzent mich daz heil
hie vinden unde erwerben
daz ich niht müeze ersterben.«
Der keiser übel unde rôt
der rede im antwürte bôt
ûz eime grimmen herzen,
er sprach: »des tôdes smerzen
den hie mîn truhsæze treit,
lîd ich mit solher arebeit
daz ich niht muotes hân dar zuo
daz ich iu keine gnâde tuo

eure Feindschaft verdient,
so möge Eure Majestät
mich töten und vernichten.
Vermag ich aber zu zeigen,
dass ich unschuldig bin,
so bitte ich Euch, mir gnädig zu sein,
indem Ihr mir nichts Böses antut.
Bei Gott, der heute auferstanden ist
an diesem Ostertag,
erlaubt mir,
Eure kaiserliche Gnade zu erwirken.
Weil Ihr die Weisheit habt,
die Euch aufgrund Eurer Abstammung gebührt,
adelt dieses hohe Fest,
indem Ihr mich Unglücklichen heute
um der edlen Leute willen,
die hier versammelt sind, am Leben lasst.
Keine Schuld war jemals so groß,
dass sie nicht verziehen werden könnte:
Deshalb erlaubt, dass ich hier die Gnade
finde und ihrer zuteil werde,
damit ich am Leben bleibe.«
Der böse und rothaarige Kaiser
antwortete ihm darauf
voller Zorn
und sprach: »Die Todesschmerzen,
die hier mein Truchsess erleiden musste,
empfinde ich selbst mit solcher Qual,
dass ich dazu nicht in der Stimmung bin,
Euch Gnade zu gewähren

umb iuwer hôhe schulde.
mîn keiserlîchiu hulde
muoz iemer sîn vor iu verspart.
ir garnet ez, sam mir mîn bart,
daz mîn truhsæze tôt
lît von iu alsunder nôt.«
Der werde ritter Heinrich
verstuont wol bî dem eide sich
den der übel keiser tete,
daz er benamen an der stete
daz leben müeste hân verlorn.
des wart im alsô rehte zorn
daz er sich gerne wollte wern
und daz leben sîn genern
mit willecliches herzen ger,
wand er bekande wol, swaz er
bî dem barte sîn gehiez,
daz er daz allez stæte liez.
Dâ von sprach er: »nu merke ich wol
daz ich benamen sterben sol;
nû ist zît daz ich mich wer
und daz leben mîn gener
al die wîle daz ich kan.«
hie mit der ûzerwelte man
geswinde für den keiser spranc,
er greif in bî dem barte lanc,
und zuhte in über sînen tisch:
ez wære fleisch oder visch
daz man dâ für in hæte brâht,
daz wart gevellet in ein bâht;

für Euer großes Verschulden.
Meine kaiserliche Gunst
sei Euch für immer entzogen.
Ihr sollt es büßen, bei meinem Bart,
dass mein Truchsess ohne jeden Anlass
von Euch erschlagen liegt.«
Der edle Ritter Heinrich
wusste bei diesem Eid nur zu gut,
den der böse König leistete,
dass er unweigerlich und auf der Stelle
sein Leben würde lassen müssen.
Darüber wurde er so zornig,
dass er beschloss, sich unbedingt zu wehren
und sein Leben zu retten
mit dem ganzen Willen seines Herzens,
weil er genau wusste, dass alles,
was jener bei seinem Bart geschworen hatte,
ausnahmslos bestehen blieb.
Er sagte zu sich: »Nun erkenne ich sehr wohl,
dass ich tatsächlich sterben soll,
es ist nun Zeit, dass ich mich wehre
und mein Leben rette,
solange ich das noch kann.«
Da sprang der vortreffliche Ritter
geschwind auf den Kaiser zu
und packte ihn bei dem langen Bart
und zog ihn daran über den Tisch.
Ob Fleisch- oder Fischspeisen,
alles was man für ihn aufgetragen hatte,
das fiel in den Schmutz,

als er in bî dem barte dans,
daz kinne wart im und der flans
vil hâres dâ beroubet:
sîn keiserlichez houbet
wart sêre entschumphieret,
diu krône wol gezieret
diu dar ûf gesetzet was,
viel nider in den palas
und al sîn rîchiu zierheit.
er hæte in under sich geleit
geswinde bî den zîten.
er zuhte von der sîten
ein mezzer wol gewetzet,
daz hæte er im gesetzet
vil schiere an sîne kelen hin.
mit der hant begunde er in
vast umb den kragen würgen.
er sprach: »nu lânt mich bürgen
emphâhen unde sicherheit,
daz iuwer gnâde mir bereit
und iuwer hulde werde,
ir muozent ûf der erde
daz leben anders hân verlorn.
den eit den ir nu hânt gesworn,
den velschet ob ir welt genesen,
oder ez mouz iuwer ende wesen.«
Sus lag er ûf im an der zît
und roufte in sêre widerstrît
bî sînem langen barte,
er wurgte in alsô harte

als er ihn so am Bart zog.
Sein Kinn und sein Mund
wurden da vieler Haare beraubt.
Sein kaiserliches Haupt
wurde derart erniedrigt,
dass die reichverzierte Krone,
die darauf gesetzt war,
auf den Boden des Palastes fiel
und all sein reicher Schmuck.
Er hatte sich schnell
und ungestüm auf ihn geworfen.
Er zog von der Seite
ein scharf geschliffenes Messer,
das setzte er ihm
ohne Zögern an die Kehle.
Mit der Hand drückte
er ihm fest den Hals zu.
Er sagte: »Nun stellt mir einen Bürgen
und gebt mir die Sicherheit,
dass mir Eure Gnade
und Euer Wohlwollen zuteil wird,
andernfalls müsst Ihr hier auf dem Boden
Euer Leben lassen.
Den Eid, den Ihr geschworen habt,
müsst Ihr widerrufen, wenn Ihr am Leben bleiben wollt,
oder es wird Euer Ende sein.«
So lag er damals auf ihm
und riss ihn heftig
an seinem langen Bart.
Er würgte ihn so fest,

daz er niht mohte sprechen.
die werden und die frechen
fürsten alle ûf sprungen,
si liefen unde drungen
algemeiniclichen dar
dâ der keiser tôtgevar
lag under dem von Kempten:
an kreften den erlempten
hætens an den stunden
von im vil gerne enbunden.
Dô sprach der ritter Heinrich:
»ist iemen der nu rüere mich,
sô muoz der keiser ligen tôt:
dar nâch sô bringe ich den in nôt
der mich zem êrsten grîfet an.
sît daz ich niht genesen kan,
sô kumt der wirt ze freisen,
ich stiche im ab den weisen
mit disem mezzer veste.
ouch müezen sîn die geste
engelten die mich wellen slahen:
ich giuze ir bluotes manegen trahen
ê daz ich müge verderben.
nu her! swer welle sterben,
der kêre her und rüere mich!«
dô trâtens alle hinderisch,
als in diu wâre schult gebôt.
der keiser ouch mit maneger nôt
vil sêre winken dâ began,
daz si giengen alhindan.

dass er nicht sprechen konnte.
Die edlen und mutigen Fürsten
sprangen alle auf,
sie liefen und drängten
alle dorthin,
wo der leichenblasse Kaiser
unter Heinrich von Kempten lag:
Dem an Kräften Erlahmten
wollten sie auf der Stelle
und bereitwillig von ihm befreien.
Da rief der Ritter Heinrich:
»Wenn es jemand wagt, mich anzurühren,
ist der Kaiser tot.
Und danach bringe ich den in Bedrängnis,
der mich zuerst angreift.
Wenn ich schon nicht am Leben bleiben kann,
so soll auch der Gastgeber zu schaden kommen,
ich schneide ihm die Kehle durch
mit diesem scharfen Messer.
Auch die Gäste werden dafür büßen,
die mich erschlagen wollen.
Ich werde von ihrem Blut viele Tropfen vergießen,
bevor ich zugrunde gehe.
Nur her! Wer sterben will,
soll kommen und mich angreifen.«
Da traten alle zurück,
aus echter Notwendigkeit heraus.
Der Kaiser bemühte sich mit großer Anstrengung,
ihnen heftig zuzuwinken,
dass sie ganz zurücktreten sollten.

Daz wart getân und diz geschach.
zou dem keiser aber sprach
der unverzagte Heinrich:
»lânt hie niht lange ligen mich,
ob ir daz leben wellent hân:
mir werde sicherheit getân
daz ich genese, ich lâze iuch leben.
wirt mir gewisheit nicht gegeben
umb den lîp, est iuwer tôt!«
hie mite ûf sîne vinger bôt
der keiser unde lobte sâ
bî keiserlîchen êren dâ,
daz er in lieze bî der stunt
von dannen kêren wol gesunt.
Nu daz diu sicherheit ergie,
den keiser Otten er dô lie
geswinde von im ufe stân,
er hæte im schiere dâ verlân
den bart ûz sînen handen.
und als er ûf gestanden
was von dem esteriche wider,
dô gieng er aber sitzen nider
ûf sînen stuol von rîcher art;
daz hâr begunde er und den bart
streichen unde sprach alsô
zu dem von Kempten aber dô:
»ich hân iu sicherheit gegeben
daz ich iu lîp unde leben
unverderbet lâze.
nu strîchent iuwer strâze

So geschah es dann auch.
Zu dem Kaiser sprach daraufhin
der mutige Heinrich:
»Lasst mich hier nicht länger liegen,
wenn Ihr Euer Leben behalten wollt:
Wenn mir Sicherheit gegeben wird,
dass ich am Leben bleibe, lasse ich Euch leben.
Gebt Ihr mir die Gewissheit
für mein Überleben nicht, ist es Euer Tod.«
Der Kaiser hob seine Schwurhand
und gelobte sogleich
bei seiner kaiserlichen Ehre,
dass er ihn sofort
und völlig unbehelligt ziehen lassen werde.
Als nun das Sicherheitsgelöbnis gegeben war,
ließ er den Kaiser Otto
sofort aufstehen
und ließ auch den Bart
augenblicklich aus seinen Händen.
Als er vom Boden
aufgestanden war
und sich ein weiteres Mal
auf seinem reichverzierten Thronsessel niederließ,
strich er sich die Haare und den Bart glatt
und sprach jetzt erneut
zu dem von Kempten:
»Ich habe Euch mein Ehrenwort gegeben,
dass Euch an Leib und Leben
kein Schaden zugefügt wird.
Nun geht Eurer Wege,

alsô daz ir mich iemer
vermîdet, unde ich niemer
mit mînen ougen iuch gesehe.
ich prüeve daz wol unde spehe
daz ir zeim ingesinde mir
ze swære sît. joch habent ir
vil harte an mir gunfuoget
swer blicket unde luoget
an mînen bart, der kiuset wol
daz ich iemer gerne sol
iuwer heimlîch enbern.
mir mouz ein ander meister schern
dann ir, daz wizzent âne spot,
mîn bart mouz iemer, sam mir got,
iuwer scharsach mîden:
ez kan unsanfte snîden
hût unde hâr den künegen abe.
vil wol ich des emphunden habe
daz ir ein übel scherer sît.
ir sult bî dirre tageszît
uns rûmen hof unde lant.«
Sus nam der ritter alzehant
zuo des keisers mannen
urloup und îlte dannen.
Er kêrte gegen Swâben wider
und lie sich dâ ze lande nider
ûf ein rîchez lêhengelt.
acker, wisen unde velt
het er ze Kempten, als ich las:
dar ûf er sich, wande er was

vermeidet jedoch, jemals
wieder in meine Nähe
oder unter meine Augen zu kommen.
Ich habe wohl verstanden und sehe ein,
dass Ihr mir als Gefolgsmann
eine zu schwere Last seid. Wahrhaftig, Ihr habt
mehr als genug bei mir angerichtet.
Jedem, der meinen Bart genauer ansieht,
wird ohne weiteres klar,
dass ich stets gerne
auf Euch verzichten will.
Mir soll wieder ein anderer Meister
den Bart scheren als Ihr, das sage ich Euch im Ernst,
mein Bart wird künftig stets, Gott sei bei mir,
Eure Schermesser scheuen,
denn es schneidet
Königen sehr grob in Haut und Haare.
Ich habe sehr deutlich gespürt,
dass Ihr ein äußerst schlechter Barbier seid.
Schaut zu, dass Ihr noch zur Tageszeit
meinen Hof und mein Land verlasst.«
Da nahm der Ritter ohne Zögern
von den Gefolgsleuten des Kaisers
Abschied und eilte davon.
Er kehrte zurück nach Schwaben
und ließ sich dort
auf sein ansehnliches Lehensgut nieder.
Er hatte Ackerland, Wiesen und Felder
in Kempten, wie ich gelesen habe:
da blieb er, denn er war

ein dienstman der selben stift.
uns seit von im diu wâre schrift
daz er sich schône gar betruoc,
wande er hæte gülte gnuoc
und was an êren offenbâr.
Dar nâch wol über zehen jâr
quam es von geschihte alsô
daz der keiser Otte dô
eins grôzen urliuges pflac
und enhalp des gebirges lac
vor einer stat vil wünneclich.
er und die sîne hæten sich
dar ûf geflizzen manege zît,
daz si der veste gæben strît
mit steinen und mit phîlen.
doch was er bî den wîlen
an liuten alsô nôthaft
daz er nâch tiutscher ritterschaft
her zû begunde senden.
er hiez in allen enden
den herren künden unde sagen:
swer iht hæte bî den tagen
ze lêhen von dem rîche,
daz im der snelliclîche
ze helfe quæme bî der stunt.
dâ bî tet er den fürsten kunt:
swer im wære dienesthaft
und lêhen unde manschaft
hæte emphangen under in,
daz er balde kêrte hin

Dienstmann des gleichnamigen Stifts.
Eine verlässliche Quelle berichtet glaubwürdig,
dass er tadellos und höfisch lebte,
denn er hatte genug Einkünfte
und öffentliches Ansehen.
Ungefähr zehn Jahre danach,
kam es nach diesem Ereignis dazu,
dass Kaiser Otto
einen großen Krieg führte
und südlich der Alpen
eine herrliche Stadt belagerte.
Ér und sein Gefolge
hatten sich lange Zeit angestrengt darum bemüht,
die Festung mit Wurfmaschinen
und Geschossen zu erobern.
Doch mit der Zeit
benötigte er dringend Kämpfer,
sodass er nach weiteren deutschen Rittern
aussenden ließ.
Überall im Reich
ließ er den Dienstherren verkünden und ausrichten,
dass jeder, der ihm zu dieser Zeit
lehenspflichtig war,
ihm unverzüglich
und augenblicklich zu Hilfe kommen müsse.
Und er ließ den Fürsten zudem ausrichten:
Jeder, der in seinem Dienst stünde,
den Lehenseid geschworen
und dafür ein Lehen empfangen habe,
der solle eiligst

ze Pülle bî den zîten
und im dâ hülfe strîten.
swer des niht entæte,
daz er sîn lêhen hæte
verwürket unde ez solte lân.
Nu daz diu botschaft getân
wart in elliu tiutschiu lant
dô wart ze Kempten gesant
dem abbet ouch ein bote sâ,
der im diu mære seite dâ.
Dô der fürste lobesam
des keisers botschaft vernam,
dô wart er ûf die vart bereit;
ouch wurden schiere, sô man seit,
al sîne dienstman besant
und ûf die reise dô gemant
bî triuwen und bî eiden.
den ritter wol bescheiden
vom Kempten liez er für sich komen,
er sprach: »ir hânt daz wol vernomen,
daz der keiser hât gesant
nâch liuten her in tiutschiu lant,
und ich der fürsten einer bin
der im ze helfe komen hin
über daz gebirge sol.
dar zuo bedarf ich iuwer wol
und iuwer dienestliute:
die man ich alle hiute,
und iuch ze vorderst, daz ir vart
und die reise niht enspart

nach Apulien reisen,
und ihn dort beim Kampf unterstützen.
Sollte jemand sich weigern,
so hätte er sein Lehen verloren
und müsse es hergeben.
Als nun die Botschaft
in jedem deutschen Land verbreitet wurde,
wurde auch ein Bote
zu dem Abt nach Kempten gesandt,
der ihm die Nachricht überbrachte.
Als der lobenswerte Fürst
die Botschaft des Kaisers vernommen hatte,
rüstete er sich für den Kriegszug
und ließ sogleich, so sagt man,
nach seinen Dienstmännern senden,
die er bei ihrer Lehenstreue gemahnte,
an der Heeresfahrt teilzunehmen.
Auch den erfahrenen Ritter
von Kempten bat er zu sich.
Er sprach: »Ihr habt sicher gehört
dass der Kaiser in den deutschen Ländern
nach Kriegern gesandt hat
und ich zu den Fürsten gehöre,
die ihm jenseits der Alpen
zu Hilfe kommen sollen.
Dazu brauche ich Euch
und Eure Dienstleute dringend:
Sie alle fordere ich heute auf
und Euch an erster Stelle, dass Ihr aufbrecht
und den Kriegszug nicht unterlasst,

diu mir und iu geboten ist.
dâ von sult ir an dirre frist
werden ûf die vart bereit.«
»Ach herre, waz hânt ir geseit!«
sprach von Kempten Heinrich:
»nu wizzent ir doch wol daz ich
für den keiser niht getar
ze hove komen, wande ich gar
verwürket sîne hulde hân.
ir sult der reise mich erlân
iemer durch den dienest mîn.
der keiser hât die hulde sîn
vil gar von mir geleitet
und über mich gespreitet
sîner ungenâden büne.
ich hân erzogen zwêne süne,
die sende ich, herre, mit iu dar;
ê daz ich alters eine var,
sô füerent ir si beide samt:
gezieret wol ûf strîtes amt
kêrent si mit iu dâ hin.«
»Nein«, sprach der abbet,
»ich enbin des muotes niht daz ich ir ger
und iuwer durch si beide enber,
wand ir mir nützer eine sît.
mîn trôst und al mîn êre lît
an iu bî disen zîten:
jâ kunnet ir ze strîten
gerâten ûzer mâzen wol,
und swaz man hôher dinge sol

der mir und damit Euch befohlen ist.
Deshalb sollt Ihr Euch sogleich
auf diesen Kriegszug vorbereiten.«
»Ach Herr, was habt Ihr da gesagt!«
sprach Heinrich von Kempten:
»Ihr wisst doch sehr gut,
dass ich es nicht wagen darf,
am Hof vor dem Kaiser zu erscheinen,
weil ich seine Huld ganz und gar verwirkt habe.
Ihr müsst mir diesen Kriegszug,
trotz meiner Lehenspflicht, gänzlich erlassen.
Der Kaiser hat mir seine Gunst
völlig entzogen
und die Decke seiner Ungnade
über mich gebreitet.
Ich habe zwei Söhne großgezogen,
die schicke ich, Herr, mit Euch mit.
Statt dass ich ganz allein teilnehme,
führt lieber diese beiden mit Euch.
Für den Kampf vortrefflich ausgerüstet
ziehen sie dann mit Euch dorthin.«
»Nein«, sprach der Abt,
»ich habe nicht die Absicht, sie anzufordern
und wegen ihnen auf Euch zu verzichten,
weil Ihr mir allein nützlicher seid.
Meine ganze Zuversicht und all meine Ehre
hängen jetzt von Euch ab.
Versteht Ihr es doch, in Kriegsdingen
bestens zu beraten
und alles, was man an wichtigen Angelegenheiten

ze hove schicken alle wege,
daz mac verrihten iuwer phlege
vil baz dann anders iemen:
sô nütze enist mir niemen
an dirre hineverte als ir.
dâ von sô bite ich daz ir mir
rât mit wîser lêre gebent.
ist daz ir dâ wider strebent
und ir mir dienstes abe gânt,
swaz ir von mir ze lêhen hânt,
weizgot daz lîhe ich anderswar,
dâ manz verdienen wol getar.«
»Entriuwen«, sprach der ritter dô,
»und ist der rede denne alsô
daz ir mîn lêhen lîhent hin,
ob ich iu niht gehôrsam bin,
ich var ê mit iu, wizze Crist,
swie mir diu reise an dirre frist
ze grôzen sorgen sî gewant.
ê daz ich lâze ûz mîner hant
mîn lêhen und mîn êre,
ê rîte ich unde kêre
mit iu benamen in den tôt.
mîn helfe sol ze rehter nôt
iu bereit von schulden sîn,
wande ir sît der herre mîn,
den ich dienstes muoz gewern;
sît ir sîn niht welt enbern,
sô werde erfüllet iuwer muot.
swaz mir der keiser übels tuot,

am Hof zu regeln hat,
das könnt Ihr besser
als jeder andere.
So nützlich wie Ihr
ist mir bei dieser Heeresfahrt sonst niemand.
Deshalb bitte ich Euch darum, dass Ihr mir
mit Eurer großen Erfahrung und Eurem Rat beisteht.
Solltet Ihr Euch jedoch widersetzen
und mir den Dienst verweigern,
dann werde ich alles, was Ihr von mir zu Lehen habt,
weiß Gott, an andere verleihen,
die es sich zutrauen, es rechtmäßig zu verdienen.«
»Wahrhaftig«, sprach daraufhin der Ritter,
»wenn Eure Worte darauf abzielen,
dass Ihr mir mein Lehen nehmt,
wenn ich Euch nicht gehorche,
dann begleite ich Euch lieber, weiß Gott,
auch wenn mich diese Heeresfahrt jetzt
in große Bedrängnis bringen kann.
Bevor ich aus meinen Händen
meine Ehre und mein Lehen verliere,
ziehe ich lieber mit Euch
und sei es wirklich in den Tod.
Meine Hilfe steht Euch in echter Not
pflichtgemäß zur Verfügung,
weil Ihr mein Lehensherr seid,
dem ich zu Dienst verpflichtet bin.
Da Ihr nicht darauf verzichten wollt,
soll Euer Wunsch erfüllt werden.
Alles, was der Kaiser mir an Schaden zufügen sollte,

daz will ich gerne dulden,
durch daz ich iu ze hulden
gedienen müge an dirre vart.«
Hie mite ûf sîne reise wart
bereit der ellenthafte man,
er fuor mit sîme herren dan
über daz gebirge enwec.
er was sô küene und ouch sô quec
daz er durch vorhte wênic liez:
er tet swaz in sîn herre hiez
und wart im undertænic gar.
si wâren beide schiere dar
für die selben stat gezoget
dâ der rœmische voget
lac mit sîme her vil starc.
von Kempten Heinrich allez barc
sich vor des keisers angesiht
und quam für in ze liehte niht,
wand er in durch den halten haz
und durch die schulde sîn entsaz.
Sô flôch in der vil küene man:
ein lützel von dem her hin dan
het er die hütten sîn geslagen.
ein bat was im dar in getragen
an eime tage, als ich ez las,
wand im nâch sîner verte was
gemaches durft: dô badet er
in eime zuber der im her
was von eime dorfe brâht.
und dô der ritter wol bedâht

will ich gerne ertragen,
um Euch in Ergebenheit
während des Kriegszugs zu dienen.«
So traf der tapfere Mann
seine Vorbereitungen für die Reise
und zog dann mit seinem Herrn
über die Alpen.
Er war so kühn und auch so mutig,
dass er aus Furcht vor nichts zurückschreckte,
er tat alles, was ihm sein Herr befahl
und war ihm gänzlich ergeben.
Sie kamen beide in sehr kurzer Zeit
zu eben dieser Stadt,
die der römische Kaiser
mit seinem großen Heer belagerte.
Heinrich von Kempten vermied es stets,
vor des Kaisers Angesicht zu kommen,
und ließ sich nicht vor ihm sehen,
weil er ihn wegen der früheren Feindseligkeit
und wegen seines Vergehens fürchten musste.
So mied ihn der überaus kühne Mann.
Ein wenig von dem Heer entfernt,
hatte er sein Zelt aufgeschlagen.
Ein Bad wurde ihm, wie ich es gelesen habe,
eines Tages bereitet,
weil er es nach seiner langen Reise
nötig hatte. Da badete er
in einem Zuber, der ihm
vom Dorf hergebracht wurde.
Und als der Ritter da gut versteckt

was gesezzen in daz bat,
dô sach er komen ûz der stat
ein teil der burgære,
und ouch den keiser mære
stapfen gegen in dort hin:
umb die stat wolt er mit in
teidingen unde kôsen.
dâ von die triuwelôsen
burgære hæten ûf geleit
mit parât und mit kündekeit,
daz sîn ze tôde slüegen;
si wolten gerne füegen,
sô er mit in sprâchen wolde,
daz man in slahen solde
und morden âne widersagen.
Nu hæte schiere sich getragen
diu zît alsô, des bin ich wer,
daz er geriten quam dort her,
gewæfens îtel unde bar.
ein tougenlîchiu harmschar
was im ze lâge dâ geleit,
dar în er ungewarnet reit
und wart mit frechen handen
eins strîtes dâ bestanden,
wan diu triuwelôse diet,
diu tougen sînden schaden riet,
diu quam ûf in geriuschet dar
mit blôzen swerten liehtgevar
und wolte im briuwen ungemach.
und dô der ritter dez ersach

in seinem Bad saß,
sah er aus der Stadt
einige Bürger kommen
und auch den berühmten Kaiser,
der auf sie zusprengte.
Über das Schicksal der Stadt
wollte er mit ihnen mündlich verhandeln.
Dabei hatten die treulosen
Burgbewohner die Absicht,
ihn mit List und Tücke
tot zu schlagen.
Sie planten,
ihn zu töten,
wenn er mit ihnen reden wollte,
und ihn ohne Fehdeankündigung zu ermorden.
So trug es sich zu,
genau in diesem Augenblick, da bin ich sicher,
dass er von dort
gänzlich unbewaffnet geritten kam.
Ein verstecktes Verbrechen
erwartete ihn dort aus dem Hinterhalt,
in den er ohne Vorwarnung hineinritt.
Er wurde da auf gemeine Weise
mit Waffengewalt empfangen,
denn die ehrlosen Bewohner,
die heimlich auf seinen Schaden aus waren,
stürzten sich dort auf ihn
mit blanken und gezückten Schwertern
und wollten Unheil stiften.
Als der Ritter von Kempten

von Kempten in dem bade dort,
daz man dâ mein unde mort
alsus begunde briuwen,
und daz man an den triuwen
den keiser Otten wolte slahen,
dô liez er baden unde twahen
vil gar belîben under wegen:
reht als ein ûzerwelter degen
sprang er uz dem zuber tief,
ze sîme schilte er balde lief,
der hieng an einer wende,
den nam er zuo der hende
unde ein swert gar ûzerwelt.
dâ mite quam der blôze helt
geloufen zuo dem keiser hin.
von den burgæren lôste er in
und werte in alsô nacket:
zerhouwen und zerhacket
wart von im der vînde gnuoc.
der liute er vil ze tôde sluoc
die den keiser wolten slahen,
er gôz ir bluotes manegen trahen
mit ellenthafter hende.
ze bitterlîch em ende
mit starken slegen er si treip,
und swaz ir lebendic beleip,
die mahte er alle flühtec.
und dô der ritter zühtec
den keiser hæte enbunden,
dô lief er an den stunden

das in seinem Bad sah,
dass man dort Frevel und Mord
verüben wollte,
und dass man ohne Treueaufkündigung
den Kaiser Otto erschlagen wollte,
ließ er das Baden und Waschen
unverzüglich sein.
Wie es sich für einen vortrefflichen Helden gehört,
sprang er aus dem tiefen Badezuber,
lief eilig zum Schild,
der da an einer Zeltwand hing
und nahm ihn und sein vortreffliches Schwert
in die Hände.
So bewaffnet lief der nackte Held
hin zum Kaiser.
Von den Bürgern befreite er ihn
und verteidigte ihn nackt, wie er war.
Er zerhaute und spaltete
etliche der Feinde.
Er erschlug viele von denen,
die den Kaiser töten wollten.
Mit starker Hand
vergoss er viele Blutstropfen.
In den bitteren Tod
trieb er sie mit mächtigen Schwerthieben
und die, die am Leben blieben,
schlug er alle in Flucht.
Nachdem der edle Ritter
den Kaiser befreit hatte,
lief er sofort wieder nackt

nacket in daz bat hin wider.
dar în gesaz er drâte nider,
als ob er umbe die geschiht
weste in dirre werlte niht,
und badet als er tet dâ vor.
Der keiser ûf der flühte spor
quam gerennet in daz her.
wer in mit manlicher wer
hæte erlœset bî der stunt,
daz was im harte cleine kunt,
wand er sîn niht erkande.
für sîn gezelt er rande,
dâ erbeizte er balde nider
und saz ûf sîn gestüele wider
vil zorniclichen bî der zît.
die fürsten quâmen alle sît
für in gedrungen schiere dar.
er sprach: »ir herren, nement war
wie nâch ich was verrâten:
wan daz mir helfe tâten
zwô ritterlîche hende schîn,
sô müeste ich gar verderbet sîn
und den lîp verlorn hân.
und weste ich wer mir kunt getân
het alsô baltlichen trôst,
daz er mich nacket hât erlôst,
ich wolde im lîhen unde geben.
den lîp han ich und daz leben
von sîner helfe stiure:
nie ritter wart sô tiure

zurück in sein Bad.
Er setzte sich sogleich wieder hinein,
ganz so, als würde er um alles in der Welt
nichts von dem Geschehenen wissen
und badete wie vorher.
Der Kaiser flüchtete indessen
eilig zurück zum Heer.
Wer ihn mit mutigem Kampf
rechtzeitig befreit hatte,
wusste er nicht im Geringsten,
denn er hatte ihn nicht erkannt.
Er ritt vor sein Zelt,
stieg sofort ab
und setzte sich sogleich
zornig auf seinen Thronsessel.
Da kamen alle Fürsten,
und drängten sich eiligst um ihn.
Er sprach: »Ihr Herren, hört,
wie ich beinahe verraten wurde:
wenn mir nicht
zwei ritterliche Hände geholfen hätten,
wäre ich gänzlich verloren gewesen
und hätte mein Leben verloren.
Wüsste ich, wer mir
so tapfere Hilfe gezeigt hat,
indem er mich nackt befreite,
ich wollte ihm Lehen und Geschenke geben.
Leib und Leben
verdanke ich seiner hilfreichen Unterstützung.
Noch nie hat es einen so

noch sô frech ân allen spot.
erkennet ieman in, durch got,
der bringe in für mîn ougen her
ich bin des offenlîchen wer
daz er emphâhet rîchen solt.
mîn herze ist im in triuwen holt
und mouz im iemer günstic wesen.
kein ritter sô gar uzerlesen
lebt weder hie noch anderswâ.«
Nu stounden sumelîche dâ
die wol westen under in
daz Heinrich deme keiser
geholfen hæte bî der zît.
die sprâchen alle widerstrît:
»wir wizzen, herre, wol den helt
der iuwer leben ûzerwelt
von dem tôde erlœset hât.
nu vert ez leider unde stât
umb in alsô bî dirre zît
daz iuwer ungenâde lît
ze vaste ûf sînem rücke.
er hât daz ungelücke
daz er dur sîne schulde
vermîdet iuwer hulde.
würd im diu sælde nû getân
daz er die möhte wider hân,
wir liezen, herre, iuch in gesehen.«
Der keiser dô begunde jehen:
»hæt er den vater mîn erslagen,
ich lieze in mîne gunst bejagen

tapferen und kühnen Ritter gegeben.
Wenn ihn jemand kennt, bei Gott,
der bringe ihn vor mein Angesicht,
ich verspreche öffentlich,
dass er reichen Lohn erhalten wird.
Ich bin ihm von Herzen treu ergeben
und ich werde ihm immer gewogen sein.
Einen so außergewöhnlichen Ritter
gibt es sonst weder hier noch anderswo.«
Nun standen aber einige unter ihnen,
die sehr gut wussten,
dass Heinrich es war, der dem Kaiser
rechtzeitig geholfen hatte.
Die riefen alle um die Wette:
»Wir kennen, Herr, den Helden,
der Euer teures Leben
vor dem Tod gerettet hat.
Nun verhält es sich mit ihm
aber jetzt leider so,
dass Eure Ungnade
zu schwer auf ihm lastet.
Er hat das Unglück,
das ihm durch seine eigene Schuld
Eure Gunst entzogen wurde.
Würde ihm nun das Glück zuteil,
dass er diese wieder erlangen könnte,
würden wir ihn, Herr, Euch vorstellen.«
Daraufhin sagte der Kaiser:
»Und wenn er meinen Vater erschlagen hätte,
ließe ich ihn meine Gunst wiedererlangen;

und tæte im mîne gnâde schîn;
daz nim ich ûf die triuwe mîn
und ûf mîn êre keiserlich.«
Dô war der ritter Heinrich
von Kempten im genennet.
der keiser wîte erkennet
sprach dâ wider sâ zehant:
»und ist er komen in diz lant,
daz weiz ich gerne sunder wân,
war hæte ouch anders diz getân
daz er nacket hiute streit?
wand er ouch die getürstekeit
truog in sîme herzen hôch
daz er bî dem barte zôch
einen keiser über tisch.
sîn mout ist frevel und frisch,
des enkilt er niemer;
mîn helfe muoz in iemer
genædeclichen decken.
doch will ich in erschrecken
und übellîche emphâhen.«
Dô hiez er balde gâhen
und in ze hove bringen;
mit zorniclichen dingen
wart er für in gefüeret hin.
seht dô gebârte er wider in
als er gehaz in wære.
»nu sagent«, sprach der mære
keiser, »wie getorstent ir
ie gestrîchen her ze mir

und gewährte ihm meine Gnade,
das verspreche ich bei meiner Treue
und bei meiner kaiserlichen Ehre.«
Daraufhin wurde ihm der Ritter
Heinrich von Kempten genannt.
Der weithin berühmte Kaiser
sprach daraufhin sogleich:
»Wenn er es ist, der in dieses Land gekommen ist,
verstehe ich das zweifellos sehr gut,
denn wer sonst hätte das auch zustande gebracht,
heute nackt zu kämpfen.
War er es doch, der die Kühnheit
so hoch in seinem Herzen trug,
dass er einen Kaiser an seinem Bart
über den Tisch zog.
Seine Gesinnung ist unerschrocken und kühn,
dafür braucht er nicht zu büßen.
Mein Beistand wird ihn immer
gnadenreich beschützen.
Doch will ich ihm einen Schrecken einjagen
und ihn scheinbar grimmig empfangen.«
Daraufhin befahl er,
ihn sogleich an den Hof zu holen.
Mit zornigen Gesten
wurde er zu ihm geführt.
Seht, da verhielt er sich so,
als wäre er ihm gegenüber sehr feindselig.
»Nun sprecht«, forderte ihn der berühmte
Kaiser auf, »wie könnt Ihr es wagen,
jemals wieder in meine Nähe

oder iemer für mîn ougen kommen?
nu habent ir doch wol vernomen
war umbe ich iuwer vîent wart:
ir sît ez doch der mir den bart
âne scharsach hât geschorn,
und iuwer grimmeclicher zorn
vil hâres in beroubet hât,
daz er noch âne locke stât,
daz hât gefrumet iuwer hant.
daz ir getorstent in diz lant
ie komen, dar an wirt wol schîn
daz ir hôchvertic wellet sîn
und übermuotes künnet phlegen.«
»genâde, herre!« sprach der degen,
»ich quam betwungenlichen her.
dâ von sô bite ich unde ger
daz ir verkieset die getât.
mîn herre, ein fürste der hie stât,
bî sîner hulde mir gebôt,
daz ich durch keiner slahte nôt
liez ich enfüere her mit ime.
ich setze daz hiut unde nime
ûf alle mîne sælekeit,
daz ich die vart ungerne reit,
wan daz ich muoste, sam mir got,
erfüllen gar sîn hôch gebot.
wær ich niht ûz mit ime komen,
mîn lêhen hæt er mir benomen,
wære ich an den stunden
an der verte erwunden.«

und unter meine Augen zu kommen?
Ihr wisst doch ganz genau,
aus welchem Grund ich Euer Feind bin?
Ihr wart es doch, der mir den Bart,
ohne Schermesser geschoren hat
und dessen unbändiger Zorn
ihm viele Haare gekostet hat,
sodass er bis heute ohne Locken geblieben ist,
das hat niemand anderer als Ihr getan.
Dass Ihr es gewagt habt, dennoch in dieses Land
zu kommen, daran wird mir deutlich,
dass Ihr noch immer überheblich seid,
und auf Euern frechen Stolz besteht.«
»Gnade Herr«, sprach der Held,
»ich kam gezwungenermaßen hierher.
Daher erbitte ich und fordere von Euch,
dass Ihr mir diese Tat verzeiht.
Mein Lehensherr, der Fürst, der hier steht,
hat mir bei dem Verlust seiner Gnade befohlen,
dass ich unter keinen Umständen
meine Heerfahrt mit ihm hierher unterlassen dürfe.
Ich bestätige das an Ort und Stelle
und gelobe bei meinem Seelenheil,
dass ich diese Fahrt nicht freiwillig unternahm,
sondern dazu gezwungen war – so wahr mir Gott helfe –,
weil ich seinem hohen Befehl nachkommen musste.
Wäre ich nicht mit ihm ausgezogen,
hätte er mir mein Lehen genommen,
wenn ich ehedem
die Heerfahrt verweigert hätte.«

Der keiser lachen dô began:
er sprach: »ir ûzerwerlter man,
ir sît unschuldic, hœre ich wol:
dâ von ich gerne lâzen sol
gegen iu den zorn mîn.
mir und gote sult ir sîn
wol tûsent warbe willekomen.
ir hânt mir swærer vil genomen
und daz leben mîn genert.
den lîp müeste ich hân verzert
wan iuwer helfe, sælic man!«
sus sprang er ûf und lief in an
und kuste im ougen unde lide,
ein soune lûter unde ein fride
wart gemachet under in,
ir zweier vîntschaft was dâhin,
wan der keiser hôchgeborn
und sîn grimmeclicher zorn
was dem ritter niht gevêch.
ein gelt gab er im unde lêch
daz jâres galt zweihundert marc,
sîn manheit frevel unde starc
brâht in in hôhen rîchtuom
unde in ganzer wirde ruom,
daz man sîn noch gedenket wol.
Dar umbe ein ieslich ritter sol
gerne sîn des muotes quec,
werf alle zageheit enwec
und üebe sînes lîbes kraft.
wan manheit unde ritterschaft

Da fing der Kaiser an zu lachen.
Er sprach: »Ihr seid ein außergewöhnlicher Mann,
dass Ihr unschuldig seid, höre ich gern.
Deshalb will ich meinen Zorn
gegen Euch gerne sein lassen.
Mir von Gottes Gnaden
sollt Ihr tausendfach willkommen sein.
Ihr habt mich von einer großen Gefahr befreit
und mir das Leben gerettet.
Das Leben hätte ich
ohne Eure Hilfe verloren, glückbringender Mann.«
Damit sprang er auf und lief auf ihn zu
und küsste ihm Augen und Hände,
eine reine Versöhnung und Frieden
fanden zwischen ihnen statt.
Ihre Feindschaft war vorbei,
denn der hochgeborene Kaiser
richtete seinen fürchterlichen Zorn
nicht mehr gegen den Ritter.
Er gab ihm Geldgeschenke und ein Lehen,
das ihm im Jahr zweihundert Mark einbrachte.
Seine unerschrockene und große Tapferkeit
brachte ihm großen Reichtum
und vollkommenes Ansehen,
dass man sich noch heute gerne an ihn erinnert.
Deshalb sollte jeder Ritter
bereitwillig seinen Mut zeigen
und alle Feigheit von sich weisen
und seine Kräfte unter Beweis stellen.
Mannhaftigkeit und Ritterschaft

diu zwei diu tiurent sêre:
si bringent lob und êre
noch einem iegelichen man
der si wol gehalten kann
unde in beiden mag geleben.
Hie sol diez mære ein ende geben
und dirre kurzen rede werc,
daz ich dur den von Tiersberc
in rîme hân gerihtet
unde in tiutsch getihtet
von latîne, als er mich bat.
ze Strâzburc in der guoten stat,
dâ er inne zuo dem tuome
ist prôbest unde ein bluome
dâ schînet maneger êren.
Got welle im sælde mêren,
wand er sô vil der tugende hât.
von Wirzeburc ich Cuonrât
muoz im iemer heiles biten.
er hât der êren strît gestriten
mit gerne gebender hende.
hie hât daz buoch ein ende.

verhelfen zu hohem Ansehen.
Sie bringen noch immer
jedem Mann Lob und Ehre,
wenn er sich darauf versteht
und nach ihnen lebt.
Damit hat diese Geschichte ein Ende
und diese kleine Dichtung,
die ich im Auftrag des Herrn von Tiersberg
in Verse gefasst
und ins Deutsche gedichtet habe
aus dem Lateinischen, worum er mich bat.
In Straßburg, der edlen Stadt,
ist er Domprobst
und strahlt wie eine Blume
in großem Ansehen.
Gott möge sein Glück mehren,
weil er so tugendhaft ist.
Ich, Konrad von Würzburg,
werde für ihn immer Heil erbitten.
Er hat den Kampf um die Ehre
mit mildtätiger Hand erstritten.
Hier ist das Buch zu Ende.

Anhang

Zu dieser Ausgabe

Mit Ausnahme des ›Schwanritters‹ ist die Überlieferungslage der Verserzählungen Konrads von Würzburg vielfältig und teilweise zersplittert. Eine komplette Neuedition war im Rahmen dieser Ausgabe nicht zu leisten. Diese Ausgabe basiert daher auf den kritischen Textausgaben von Edward Schröder, deren Prinzipien der Textedition zwar nicht mehr auf dem neuesten Stand sind, deren Textgestalt aber, mit einigen kleineren Abstrichen, noch immer vertretbar ist.

Zur Übersetzung

Konrad verfügt virtuos über alle gängigen literarischen Techniken seiner Zeit, wobei er an die Tradition seiner Vorgänger anknüpft, allen voran an Gottfried von Straßburg. Dennoch zeigen seine Werke einen ganz eigenen Stil. Vor allem seine höchst artifizielle Sprachkunst ist kaum adäquat ins Neuhochdeutsche übertragbar. Auch das Prinzip der möglichst zeilengenauen Übersetzung lässt wenig Freiräume, hinzu kommt, dass der mittelhochdeutsche Satzbau große Unterschiede zur neuhochdeutschen Norm aufweist. Ein weiteres Problem ist der mittelhochdeutsche Sonderwortschatz mit seinen vielfältigen Bedeutungen, die je nach Kontext stark variieren. Ich habe mich bemüht, einen Ton zu treffen, der der historischen Distanz und den Eigenheiten des mittelhochdeutschen Texts Rechnung trägt, aber dennoch ein zeitgemäßes Neuhochdeutsch bietet. Die Übersetzung folgt dem Text möglichst nah, verzichtet aber auf Reim und Versmaß. In einigen Fällen war es notwendig, etwas weiter vom mittelhochdeutschen Text abzuweichen, vor allem zu Gunsten einer besseren Lesbarkeit. Grundsätzlich verfolgt die Übersetzung im Sinne einer Studienausgabe das Ziel, eine Hilfestellung zu bieten für eine Auseinandersetzung mit dem mittelhochdeutschen Text.

Zum Autor

Konrad von Würzburg (um 1230 – 1287) ist zweifellos der vielseitigste und produktivste Autor des 13. Jahrhunderts. Im Gegensatz zu anderen Autoren seiner Zeit ist er biographisch gut erfassbar. Aus den in seinen Werken genannten Auftraggebern kann man schließen, dass Konrad in Würzburg, Straßburg und Basel tätig war. Vor allem sein Aufenthalt in Basel ist gut bezeugt. Nach einem Eintrag im Anniversarienbuch des Basler Münsters besaß er ein Haus in der Spiegelgasse und hatte eine Frau und zwei Töchter. Im Spruch 32,189 (in: Konrad von Würzburg, *Kleinere Dichtungen III: Die Klage der Kunst. Leiche, Lieder und Sprüche*, hrsg. von Edward Schröder, mit einem Nachw. von Ludwig Wolff, Berlin 1926, 4. Aufl. Berlin/Dublin 1970) bezeichnet er sich als nicht adelig (*wære ich edel, ich tæte ungerne eim ieglichen tôren liep*). Konrad war gelehrter Berufsdichter, der überwiegend im Auftrag der geistlichen und weltlichen städtischen Oberschicht arbeitete. Die mittelalterlichen Quellen nennen ihn *meister* oder *magister*, die Straßburger Annalen bezeichnen ihn als *vagus*. Die Beliebtheit Konrads zeigt sich auch an der Rezeption: zahlreiche Dichterkollegen rühmen seine Kunst. Zudem zählen seine Werke zu den meistüberlieferten des 13. Jahrhunderts.

Konrads Werk besteht aus drei Versromanen (›Engelhard‹, ›Partonopier und Meliur‹, ›Trojanerkrieg‹), vier Verserzählungen (›Schwanritter‹, ›Das Herzmære‹, ›Der Welt Lohn‹, ›Heinrich von Kempten‹), drei Legenden (›Silvester‹, ›Alexius‹, ›Pantaleon‹), einer Ehrenrede (›Das Turnier von Nantes‹), einem Marienpreis (›Die goldene Schmiede‹), einem allegorischen Gedicht in Strophen (›Die Klage der Kunst‹), einem religiösen und einem Minneleich, sowie Liedern und Sprüchen.

Literatur (in Auswahl)

Brandt, Rüdiger: Konrad von Würzburg. Darmstadt 1987. (Erträge der Forschung. 249.)

Brandt, Rüdiger: Konrad von Würzburg. Kleinere epische Werke. 2. neu bearb. und erw. Aufl. Berlin 2009. (Klassiker Lektüren. 2.)

Brunner, Horst: Artikel ›Konrad von Würzburg‹. In: Kurt Ruh: Die deutsche Literatur des Mittelalters. Verfasserlexikon. 2. völlig neu bearb. Aufl. Berlin / New York 1985. Bd. 5. Sp. 272–304.

Kokott, Hartmut: Konrad von Würzburg. Ein Autor zwischen Auftrag und Autonomie. Stuttgart 1989.

Monecke, Wolfgang: Studien zur epischen Technik Konrads von Würzburg. Das Erzählprinzip der *wildekeit*. Stuttgart 1968.

Zur Gattung

Alle vier Texte dieser Ausgabe werden von Konrad als *mœre* bezeichnet. Ihre Unterschiedlichkeit in Aufbau, Thema und Konzeption zeigt aber, dass diese Bezeichnung kaum als Gattungsbegriff im Sinne von Hanns Fischer zu verstehen ist, sondern vor allem ›Erzählung‹ oder ›Geschichte‹ bedeutet. Insgesamt ist die inhaltliche und thematische Spannweite kurzer weltlicher Erzählungen im 13. Jahrhundert sehr groß und äußerst heterogen, einen Versuch einer repräsentativen Auswahl unternahm zuletzt Grubmüller mit seiner Sammlung unter dem Titel ›Novellistik des Mittelalters‹, mit der Begründung, dass es sich »nicht um eine zufällig nach beliebigen Kriterien zusammengewürfelte Gruppe [handelt], sondern um eine Textreihe, die sich in historischer Kontinuität aufbaut, different und immer wieder differenzierend, aber doch jeweils bezogen auf die gemeinsamen oder auf die vorliegenden Muster« (S. 1007). In der zweiten Hälfte des 13. Jahrhunderts existiert weltliche Kleinepik aller Sparten, Konrads Erzählungen gelten auch hier als herausragende Meisterwerke vornovellistischen Erzählens.

Literatur in Auswahl

Ehrismann, Otfrid: Fabeln, Mären, Schwänke und Legenden im Mittelalter. Eine Einführung. Darmstadt 2011.

Fischer, Hanns: Studien zur deutschen Märendichtung. 2. durchges. und erw. Auflage. Bes. von Johannes Janota. Tübingen 1979.

Novellistik des Mittelalters. Märendichtung. Hrsg., übers. und komm. von Klaus Grubmüller. Frankfurt a. M. 1996. (Bibliothek deutscher Klassiker. 138.)

Heinzle, Joachim: Altes und Neues zum Märenbegriff. In: Zeitschrift für deutsches Altertum und deutsche Literatur 117 (1988) S. 277–296.

Strasser, Ingrid: Vornovellistisches Erzählen. Mittelhochdeutsche Mären bis zur Mitte des 14. Jahrhunderts und altfranzösische Fabliaux. Wien 1989.

Ziegeler, Hans-Joachim: Erzählen im Spätmittelalter. Mären im Kontext von Minnereden, Bispeln und Romanen. München/Zürich 1985.

Zur Chronologie der Texte

Der Entstehungszeitpunkt der vier Werke ist in der Forschung umstritten, dennoch lassen sich über die Nennung der Auftraggeber einige Daten festhalten: Der ›Schwanritter‹ wird mit dem ›Turnier von Nantes‹, einer Lobrede auf König Richard von Cornwall, als Frühwerk Konrads eingestuft (um 1257), vor allem aufgrund der Erwähnung der Grafen von Geldern und Cleve und der Rienecker, die einen Schwan im Wappen führen. Die Rienecker sind ein niederrheinisches Adelsgeschlecht und waren in Würzburg begütert, was u. a. für eine Frühdatierung spricht (dazu Brunner 1981 [s. Literaturangabe S. 227]). Die Verfechter einer späteren Datierung setzen beim Thema der Dichtung an, der Berechtigung weiblicher Erbfolge, und plädieren für ein Entstehungsdatum um 1282 (Diskussion der Forschung bei Brandt 2009 [s. Literaturangabe S. 222], S. 27 f.). Eindeutig für einen Straßburger Gönner ist der ›Heinrich von Kempten‹ gedichtet. Berthold von Tiersberg ist 1261 Domprobst geworden, und er ist als Inhaber des Amts bis 1277 bezeugt, was den Entstehungsraum der Erzählung eingrenzt. Für das ›Herzmære‹ und ›Der Welt Lohn‹ sind keine Auftraggeber genannt; beide Erzählungen werden aber eher der frühen Schaffensperiode zugerechnet. Die Reihung der Texte in dieser Ausgabe folgt dem Artikel von Horst Brunner im *Verfasserlexikon* (Bd. 5, Sp. 272–304, hier 290–304).

Zu den einzelnen Texten

Der Schwanritter

Konrads Version des Schwanritterstoffs ist nur in einer fehlerhaften Handschrift überliefert, die von ursprünglich 1642 Versen 1358 enthält. Die Erzählung vom geheimnisvollen Ritter mit dem Schwan wird auch in der altfranzösischen *Chanson de geste* ›Chevalier au Cygne‹ (älteste erhaltene Fassung um 1200) und von Wolfram von Eschenbach im ›Parzival‹ (Lohengrin-Geschichte am Schluss 824,2–826,30) verarbeitet. Konrad bietet eine recht eigenständige Variante des Stoffes. Der Schwanritter kommt der Herzogin von Brabant und ihrer Tochter bei deren Erbstreitigkeiten mit dem Herzog von Sachsen zu Hilfe. Er bleibt namenlos, und es wird auch nicht enthüllt, woher er stammt. Die Nachkommen der Ehe zwischen der Tochter der Herzogin und dem Schwanritter werden genealogisch mit den Grafen von Kleve und Geldern verknüpft. Die im Epilog ebenfalls erwähnten Rienecker waren möglicherweise auch die Auftraggeber.

Überlieferung

Frankfurt a. M., StB u. UB, Ms. germ 4°2.
Internetressource: http://sammlungen.ub.uni-frankfurt.de/msma/content/pageview/3580782

Ausgabe und Übersetzung

Konrad von Würzburg: Kleinere Dichtungen II: Der Schwanritter. Das Turnier von Nantes. Hrsg. von Edwart Schröder. Berlin 1925. 5. Aufl. Dublin/Zürich 1974.
Der Schwanritter. Deutsche Verserzählungen des 13. und 14. Jahrhunderts. Hrsg.und aus dem Mittelhochdeutschen übertr. von Hans Joachim Gernentz. Berlin 1972. S. 110–201.

Literatur in Auswahl

Beckers, Hartmut: Literatur am kleveschen Hof von 1174 bis 1542: Zeugnisse, Spuren, Mutmaßungen. In: Zeitschrift für deutsches Altertum und deutsche Literatur 112 (1993) S. 426–434.

Bleck, Reinhard: Überlegungen zur Entstehungssituation der Werke Konrads von Würzburg, in denen kein Auftraggeber genannt wird. Wien 1987.

Brunner, Horst: Genealogische Phantasien. Zu Konrads von Würzburg ›Schwanenritter‹ und ›Engelhard‹. In: Zeitschrift für deutsches Altertum und deutsche Literatur 110 (1981) S. 274–299.

– Konrad in Würzburg und am Niederrhein. In: Christian Schmid-Cadalbert (Hrsg.): Das ritterliche Basel. Zum 700. Todestag Konrads von Würzburg. Öffentliche Basler Denkmalpflege. Basel 1987. S. 20–22.

Cain van d'Elden, Stephanie: Das Erbrecht in Konrads von Würzburg ›Schwanritter‹. In: Jahrbuch der Oswald-von-Wolkenstein-Gesellschaft 5 (1988/89) S. 227–283.

Strohschneider, Peter: Ur-Sprünge. Körper, Gewalt und Schrift im ›Schwanritter‹ Konrads von Würzburg. In: Horst Wenzel (Hrsg.): Gespräche – Boten – Briefe. Körpergedächtnis und Schriftgedächtnis im Mittelalter. Berlin 1997. S. 127–153.

Weidenkopf, Stefan: Poesie und Recht. Über die Einheit des Diskurses von Konrads von Würzburg Schwanritter. In: Christoph Cormeau (Hrsg.): Deutsche Literatur im Mittelalter. Kontakte und Perspektiven. Stuttgart 1979. S. 127–153.

Westphal-Wihl, Sarah: Minne und reht tuon. Konfliktlösung am Königshof in Konrads ›Schwanritter‹ und Hartmanns ›Iwein‹. In: Jutta Eming / Claudia Jarzebowski (Hrsg.): Blutige Worte. Internationales und interdisziplinäres Kolloquium zum Verhältnis von Sprache und Gewalt im Mittelalter und Früher Neuzeit. Göttingen 2008. S. 163–196.

181 *von wilder âventiure:* Gemeint ist hier die gesamte Geschichte mit dem Schwanritter, von der nun erzählt wird; vgl. dazu V. 1635.

182 *künec Karle:* Karl der Große (747–814) kann hier nicht als historische Figur gemeint sein, vielmehr gilt der Name als ein Symbol für den idealen König.

196 *Niumâgen*: Es handelt sich um die heutige Stadt Nijmegen im Osten der Niederlande, die nicht am Rhein, sondern an der Waal liegt, also auch nicht am Meer. Möglicherweise ist dieser Fehler damit zu erklären, dass Konrad nie dort war.

258 *spalier: spaldenier* (vgl. Lexer, Bd. 2, Sp. 1063): ›die Schultern (unter dem Harnisch) deckendes gefüttertes Kleidungsstück‹, eine Frühentlehnung aus ital. *spalliera* im Sinne von ›Schulterharnisch‹.

gespreit: ›gebreitet‹, ›umhüllt‹, ›bedeckt; hier: ›bekleidet‹; vgl. Hartmanns von Aue ›Gregorius‹, V. 710 f.: *under unde über gespreit / alsô rîchiu sîdîn wât / daz niemen bezzere hât.*

459 *herzogen Gotfride:* Gemeint ist Gottfried von Bouillon (1060–1100), einer der berühmtesten Heerführer beim ersten Kreuzzug. Nach der Eroberung Jerusalems wurde er der erste Herrscher über das neu gegründete Königreich Jerusalem. Gottfried ist bei Konrad, anders als in der ›Chevalier au cygne‹-Tradition, nicht der Enkel, sondern der Schwiegervater des Schwanritters.

496 ff. Einen Streit um die Berechtigung weiblicher Erfolge gab es zu Lebzeiten Konrads tatsächlich. Die Tochter Walrams IV. von Limburg, die mit einem Grafen von Geldern verheiratet war, sollte als weibliche Erbin eingesetzt werden. An den Verhandlungen waren auch die Grafen von Geldern, Kleve und Loon beteiligt. Die ebenfalls von Konrad erwähnten Rienecker waren mit dem Hause Loon verwandt. Der Streit wurde 1282 beigelegt und die weibliche Erbfolge bestätigt.

548 *criec:* Schröder wechselt ohne ersichtlichen Grund zwischen *crieg* und *criec.* Da die Ausgabe ein normalisiertes Mittelhochdeutsch bietet, vereinheitliche ich auf die Form mit Auslautver-

härtung (auch bei den V. 709, 719, 754, 765, 1505); dazu Paul/Wiehl/Grosse, *Mittelhochdeutsche Grammatik*, § L 72.

646 ff. Es wird hier davon ausgegangen, dass die Urteilsfindung nicht alleine beim König, sondern bei den fürstlichen Geschworenen liegt und es die Aufgabe des Königs ist, das Urteil zu verkünden, wodurch der Rechtspruch dann gültig wird. Allerdings werden die Fürsten während der gesamten Gerichtsverhandlung nirgends explizit dazu aufgefordert, ihre urteilsfindende Rolle aber vom König angesprochen (vgl. dazu auch V. 668 ff.).

1004 *vil schône grîs und aphelgrâ:* Gemeint ist ein Apfelschimmel

1014 *covertiure:* Pferdedecke

1046 ff. *einen tiuren schilt... für sich kunde drücken:* Der Herzog hat die ausschließliche Befugnis für die Führung dieses Zeichens, das allen männlichen Nachkommen zusteht.

1091 *lazûr:* Gemeint ist ein Lasurit (Lapislazuli), der wegen seiner blauen Farbe auch als Himmelstein bezeichnet wird.

1100 ff. *sam ob sie wæren flücke ... frech unde bald:* vgl. dazu Gottfrieds von Straßburg ›Tristan‹, V. 6843–6845: *mit fliegenden schenkelen* (Schenkeldruck), *mit sporen und mit enkelen* (Fußeinsatz) *nam er daz ors zen sîten.* (Dazu: Bumke 1986 [s. Literaturangabe S. 241], S. 228.)

1146 *slac:* gegenüber der Ausgabe im Sinne der Auslautverhärtung vereinheitlicht (auch bei den V. 1176, 1218, 1225).

1604 Die Grafen von Kleve und Geldern hatten enge verwandtschaftliche Beziehungen zu Brabant und den Rieneckern (Übersicht bei Brunner 1981 [s. Literaturangabe S. 227]).

1606 Die Rienecker werden mit immerhin sechs Versen (1606–1611) gewürdigt, was für Brunner (1981) ein Indiz dafür ist, dass es sich um die Auftraggeber handeln könnte, vielleicht Graf Arnold III. von Loon.

Der Welt Lohn

›Der Welt Lohn‹ ist in sieben vollständigen Handschriften und zwei Fragmenten erhalten. Der Umfang der verschiedenen Fassungen liegt zwischen 250 und 296 Versen. Eine Handschrift (M) ist noch zu Lebzeiten Konrads entstanden (1284). Das Motiv der Frau Welt, die einem Ritter von vorn strahlend schön und in der Rückenansicht hässlich und abstoßend erscheint, ist im Mittelalter weit verbreitet. Die Einsicht des Ritters in die Vergänglichkeit der Welt bewirkt eine Änderung seines Lebens zugunsten des Seelenheils. Eine direkte Quelle der Konradschen Version lässt sich nicht nachweisen, sie könnte aber auf ein lateinisches Predigtexempel aus dem 13. Jahrhundert zurückgehen. Sicherlich Konrads Zutat ist die Bindung der Figur des Ritters an Wirnt von Grafenberg, den Autor des ›Wigalois‹, möglicherweise eine Anspielung auf den Epilog des Romans, wo von der *vanitas* weltlicher Freude die Rede ist. Die abschließende Lehre ist nach Bleck (1987) ein Indiz dafür, dass es sich bei dem *mære* um einen Kreuzzugsaufruf handelt, was eine Datierung für seine Entstehung um 1266 wahrscheinlich macht.

Systematische Darstellung der Überlieferung

Palmer, Nigel / Schiewer, Hans-Jochen: Literarische Topographie des deutschsprachigen Südwestens im 14. Jahrhundert. In: Zeitschrift für deutsches Altertum und deutsche Literatur 122 (2003), Sonderheft, S. 178–202.

Bleck, Reinhard: Konrad von Würzburg. Der Welt Lohn. In Abbildung der gesamten Überlieferung. Synoptische Edition. Untersuchungen. Göppingen 1991.

Ausgaben und Übersetzung

Konrad von Würzburg: Kleinere Dichtungen I. Der Welt Lohn. Herzmære. Heinrich von Kempten. Hrsg. von Edward Schröder. Berlin 1924. 10. Aufl. Dublin/Zürich 1970.

Konrad von Würzburg: Heinrich von Kempten. Der Welt Lohn. Das Herzmære. Mhd./Nhd. Mittelhochdeutscher Text nach der Ausgabe von Edward Schröder. Übers., mit Anm. und einem Nachw. vers. von Heinz Rölleke. Stuttgart 1968 [u. ö.].

Der Schwanritter. Deutsche Verserzählungen des 13. und 14. Jahrhunderts. Hrsg. und aus dem Mittelhochdeutschen übertr. von Hans Joachim Gernentz. Berlin 1972. S. 90–107.

Literatur in Auswahl

Gerhardt, Christoph: Überlegungen zu Konrads von Würzburg ›Der Welt Lohn‹. In: Beiträge zur Geschichte der deutschen Sprache und Literatur (PBB, Tübingen) 94 (1972) S. 379–397.

Closs, August: Weltlohn, Teufelsbeichte, Waldbruder. Beiträge zur Bearbeitung lateinischer Exempla im mittelhochdeutschen Gewande nebst einem Anhang. Heidelberg 1934.

Bleck, Reinhard: Ein oberrheinischer Palästina-Kreuzzug 1267. In: Basler Zeitschrift für Geschichte und Altertumskunde 87 (1987) S. 5–27.

Bein, Thomas: Frau Welt, Konrads von Würzburg und der Guter: Zum literaturhistoriographischen Umgang mit weniger bekannten Autoren. In: Márta Nagy / László Jónác (Hrsg.): *swer sînen vriunt behaltet, daz ist lobelîch.* Festschrift für András Vizkelety zum 70. Geburtstag. Aachen 2001. S. 105–115.

Lechtermann, Christina: Berührt werden. Narrative Strategien der Präsenz in der höfischen Literatur um 1200. Berlin 2005.

Stellenkommentar

18 *hübisch, hövesch:* höfisch, wohlerzogen

26 *birsen:* die höfische Art zu jagen; Lehnwort aus dem afrz. *berser* ›beizen‹ (im Sinne von ›beißen machen oder lassen‹), gemeint ist der Falke, der die Taube schlägt; gemeinhin Falkenjagd.

47 Realitätsfiktion: Wirnt von Gravenberg ist der Verfasser des weit verbreiteten ›Wigalois‹ (um 1210). In der Forschung wurden An-

spielungen auf den Prolog und den Schluss des Romans gesehen, als direkte Quelle kommt der ›Wigalois‹ aber nicht in Frage. In den späteren Handschriften ist diese Anbindung, wie die schwankenden Namensformen zeigen, jedenfalls nicht mehr entschlüsselt worden. Die ganze Quellenberufung (V. 44–47) hat eine auffallende Ähnlichkeit mit einer Passage im ›Armen Heinrich‹ des Hartmann von Aue: *Ein ritter so gelêret was / daz er an den buochen las / swaz er daran geschiben vant: / der was Hartman genannt.*

59 Die Vesper gehört zu den kanonischen Stunden, die aufeinander ab drei Uhr morgens jeweils im Dreistundenrhythmus folgen, und bezeichnet den späten Nachmittag.

84 *wunsch:* hier wohl als Personifikation der Vollkommenheit gebraucht.

128 ff. In der genau 40 Verse umfassenden Lobrede der Frau Welt häufen sich die Doppelformen, Dienst und Lohn sind dabei die Leitworte.

229 *blœde:* im Sinne von: geschwächt, krank, vielleicht auch: verwesend.

259 In der abschließenden Lehre setzen zwölf Verse mit Pronomina ein, die mit ›d‹ beginnen, was die gnomische Funktion der Aussage hervorheben soll.

264 *der werlte lôn:* Diese Wendung findet sich auch in der Einleitung (V. 4) und formuliert eindeutig das Thema der Erzählung. Zahlreiche Belege (im Kommentar bei Rölleke 1968) verweisen auf eine bestehende Redensart.

Das Herzmære

Das ›Herzmære‹ ist in vierzehn Textzeugen aus dem 14. bis 16. Jahrhundert überliefert. Der Textbestand schwankt zwischen 484 und 602 Versen. Obwohl das Märe im größten Teil der Handschriften anonym überliefert ist, gehört es zweifellos zu den Werken Konrads von Würzburg. Es gilt in der Forschung als Frühwerk des Dichters und könnte um 1260 entstanden sein. Das Motiv vom gegessenen

Herzen ist international verbreitet; in Europa lässt es sich erstmals um 1150 nachweisen. Konrad führt das Motiv in die deutsche Literatur ein; auf welche Quelle er sich dabei bezieht, ist nicht nachzuweisen. Die meisten Erzählungen, die das Motiv ausgestalten, bieten eine Racheversion: das ehebrecherische Paar wird bestraft, indem einem der beiden Partner aus Rache das Herz des anderen als Speise vorgesetzt wird (zur Motivik und den Quellen: Schulze, 1971; Blamires, 1988/89). Konrad setzt dem gegenüber einen anderen Akzent: Nicht der Ehemann tötet den Liebhaber, sondern dieser stirbt in der Ferne an der Liebeskrankheit und lässt sein Herz der Geliebten als Zeugnis seiner Liebe schicken. Der Ehemann stellt zufällig den treuen Boten und lässt das Herz zubereiten. Dass die Frau nach dem Verzehr des Herzens stirbt, wird, wie im Epilog dargelegt, weniger als tragisches Ende, sondern als ein Sieg der treuen und außergewöhnlichen Liebe verstanden, vor allem in Anlehnung an die Liebesideologie Gottfrieds von Straßburg, den Konrad im Prolog explizit als Vorbild nennt. Konrads ›Herzmære‹ ist ein besonders kunstvolles Beispiel der Gottfried-Rezeption; es zeigt eine »eigene Ästhetik der Teilhabe an der Tradition und gleichzeitigen Überbietung« (Kiening, 2007, S. 186).

Überlieferung

Auflistung der Textzeugen bei: Klaus Grubmüller (Hrsg.): Novellistik des Mittelalters. Märendichtung. Frankfurt a. M. 1996. S. 1120–1122.

Ausgaben und Übersetzungen

Kleinere Dichtungen Konrads von Würzburg. I: Der Welt Lohn – Das Herzmære – Heinrich von Kempten. Hrsg. von Edward Schröder. 3. Aufl. Berlin 1959.

Konrad von Würzburg: Heinrich von Kempten. Der Welt Lohn. Das Herzmære. Mhd./Nhd. Mittelhochdeutscher Text nach der Ausgabe von Edward Schröder. Übers., mit Anm. und einem Nachw. vers. von Heinz Rölleke. Stuttgart 1968 [u. ö.].

Mittelalter. Texte und Zeugnisse. Hrsg. von Helmut de Boor. Bd. 2. München 1965. S. 1229–1236.

Novellistik des Mittelalters. Märendichtung. Hrsg., übers. und komm. von Klaus Grubmüller. Frankfurt a. M. 1996. S. 262–295 (›Das Herzmære‹), S. 1120–1132 (Kommentar).

Deutsche Erzählungen des Mittelalters. Ins Neuhochdeutsche übersetzt von Ulrich Pretzel. München 1971. S. 120–127.

Literatur (in Auswahl)

Blamires, David: Konrads von Würzburg ›Herzmære‹ im Kontext der Geschichten vom gegessenen Herzen. In: Jahrbuch der Oswald-von-Wolkenstein-Gesellschaft 5 (1988/89) S. 251–261.

Buschinger, Danielle: Le Herzmære de Konrad von Würzburg et la légende du cœur mangé. In: le Récit bref au Moyen-âge. Actes du colloque des 27, 28 et 29 avril 1979 de Centre d'études du Moyen âge et de la Renaissance. Hrsg. von D. B. Paris 1979. S. 263–276.

Bonnemann, Jens: Die wirkungsästhetische Interaktion zwischen Text und Leser. Wolfgang Isers impliziter Leser im ›Herzmære‹ Konrads von Würzburg. Frankfurt a. M. 2008.

Feix, Barbara: ›... mit minneclichen ougen‹: die Visualisierung von Liebe und Erkenntnis im ›Herzmære‹ Konrads von Würzburg. In: Frauenblicke, Männerblicke, Frauenzimmer. Studien zu Blick, Geschlecht und Raum. Hrsg. von Waltraud Fritsch-Rössler. St. Ingbert 2002. S. 83–93.

Kiening, Christian: Ästhetik des Liebestods. Am Beispiel von Tristan und Herzmære. In: Christopher Young / Manuel Braun (Hrsg.): Das fremde Schöne. Dimensionen des Ästhetischen in der Literatur des Mittelalters. Berlin / New York 2007. S. 171–194.

Ortmann, Christa / Ragotzky, Hedda: Zur Funktion exemplarischer *triuwe*-Beweise in Minne-Mären: ›Die treue Gattin‹ Herrands von Wildonie, ›Das Herzmære‹ Konrads von Würzburg und die ›Frauenehre‹. In: Klaus Grubmüller (Hrsg.): Kleinere Erzählformen im Mittelalter. Paderborn [u. a.] 1988. S. 89–109.

Rölleke, Heinz: Zum Aufbau des ›Herzmære‹ Konrads von Würzburg. In: Zeitschrift für deutsches Altertum und deutsche Literatur 98 (1969) S. 126–133.

Schulze, Ursula: Konrads von Würzburg novellistische Gestaltungskunst im ›Herzmære‹. In: Ursula Henning / Herbert Kolb (Hrsg.): Mediaevalia litteraria. Festschrift für Helmut de Boor. München 1971. S. 451–484.

Stammler, Wolfgang: Wolframs ›Willehalm‹ und Konrads ›Herzmære‹ in mittelrheinischer Überlieferung. In: Zeitschrift für deutsches Altertum und deutsche Literatur 82 (1963) S. 1–29.

Wachinger, Burghart: Zur Rezeption Gottfrieds von Straßburg im 13. Jahrhundert. In: Harms, Wolfgang / Johnson Peter (Hrsg.): Deutsche Literatur im späten Mittelalter. Hamburger Colloquium 1973. Berlin 1975. S. 56–82.

Stellenkommentar

2 *lûterlîchiu minne:* Anspielung auf den Prolog des ›Tristan‹ Gottfrieds von Straßburg, V. 196: *lûterlîche herzeger*; dazu auch V. 18276: *lûterlîche minne.* Die Wendung ist V. 587 wiederaufgenommen.

9 Gottfrieds von Straßburg ›Tristan‹ ist das stilistische Vorbild Konrads, vgl. dazu auch sein Bekenntnis dazu in der ›Goldenen Schmiede‹ (hrsg. von Edward Schröder, Berlin 1925) V. 94 – 99.

12 f. *daz er benâmen hœren muoz:* Konrad bezieht sich hier auf die V. 177–180 des ›Tristan‹-Prologs: *wan swâ man hoeret und list, / daz von sô reinen triuwen ist, dâ liebent dem getriuwen man / triuwe und ander tugende van.*

13 *sagen unde singen:* häufig verwendete Zwillingsformel, kann sowohl hörende als auch lesende Rezeption bedeuten; vgl. dazu auch V. 21.

41 f. *herzeschmerzen / groz smerze war ir herzen:* Wortspiel im Stile Gottfrieds, vgl. ›Tristan‹, V. 1071–1074: *der süeze herzesmerze, / der vil manec edele herze / quelt mit süezem smerzen, / der liget in mînem herzen.*

50 *andâht:* Abstraktbildung zu *denken* (an jemanden), durchaus auch in einem geistlichen Sinn.

63 *was behuot:* zu *behüeten*, von *huote* (vgl. V. 81 und V. 91): Über-

wachung der Frau durch den Ehemann, aber auch der höfischen Gesellschaft, zur Verhinderung von Minnebeziehungen; vgl. dazu Ehrismann, 1995 [s. Literaturangabe S. 241], S. 114–118.

85 *stric:* vgl. dazu Gottfrieds Wortspiel im ›Tristan‹, V. 12180–12186: *Minne, diu strickærinne / diu stricte zwei herze an in zwein / mit dem stricke ir süeze inein / mit alsô grôzer meisterschaft, / mit alsô wunderlîcher kraft, / daz si unrelœset wâren.*

141 *keiserlîche:* bei Konrad häufiges Epitheton für ›herrlich‹, ›vollkommen‹.

180–189 Die gesamte Abschiedsszene ist nach dem Vorbild der Trennung von Tristan und Isolde gestaltet; siehe ›Tristan‹, V. 18270–18362.

198 *versent:* steigernde Variation des Programmwort des ›Tristan‹, auf das in der Folge wiederholt angespielt wird (V. 204, 254, 260, 278, 293, 471, 502, 521).

248–253 *der reinen turteltûben art ...:* Das Bild der Turteltaube als Liebessymbol findet sich im ›Parzival‹ des Wolfram von Eschenbach (V. 57,10–14): *ir vreude vant den dürren zwîc / als noch die turteltûbe tuot. / diu het ie den selben muot: / swenne ir an trûtschaft gebrast, / ir triwe kôs den dürren ast.*

260 *der sende marterære:* Das Bild des Minnemärtyrers findet sich auch bei Gottfried, ›Tristan‹, V. 18363–18366.

274–286 Schulze (1971, S. 461) sieht hier vielfache Anklänge an Hartmanns von Aue ›Gregorius‹.

327 *edel herze:* Der Begriff der *edelen herzen* ist bei Gottfried zentral für unverbrüchlich Liebende und für die, die die Geschichte von Tristan und Isolde verstehen können.

337 *want:* Das Händeringen ist eine konventionelle Klagegeste; vgl. dazu auch V. 517–519.

411 *sundertrahte:* Einzelbeleg: besondere Speise (vgl. BMZ, Bd. 3, S. 79; Lexer, Bd. 2, Sp. 1312)

450 *zukermæze:* zuckersüß; ein Begriff, der häufig in hagiographischen Texten verwendet wird (Kiening, 2007, S. 188).

454 *überhort:* wörtl.: höchster Schatz (Lexer, Bd. 3, Sp. 1627)

462/464 *wilde:* Wortspiel mit ›zahm‹ und ›wild‹ in den Bedeutungen von ›unkultiviert, wild‹ und ›fremd, entfremdet‹, das im Neuhochdeutschen nicht wiedergegeben werden kann. Vgl. dazu auch V. 3 im Prolog und V. 150. *wilde* gilt als Leitwort Konrads (dazu Monecke, 1968 [s. Literaturangabe S. 222]).

485 *diu wâre schult:* schicksalhafte Notwendigkeit; vgl. dazu auch ›Heinrich von Kempten‹, V. 325, oder ›Engelhard‹, V. 972.

491–497 Der Text bei Schröder ist hier ohne überlieferte Grundlage konjiziert. Nach Grubmüller, Kommentar, S. 1124, müsste er folgendermaßen lauten:
daz ich nach dirre spîse
sô wol gemaht nach prîse
niemer keine trahte hêr
mich fürbaz wil genieten mêr.
Gôt verbiete durch sînen muot,
daz nach so werder spîse guot
in mich kein swachiu trahte gê.

Heinrich von Kempten und Kaiser Otto

Das prologlose *mære* (v. 755) ist in sechs Handschriften und einem Fragment überliefert. Obwohl fünf Handschriften der Erzählung den Titel *von keiser otten* (o. ä.) geben, ist die Hauptperson der Dichtung eindeutig der tapfere und unerschrockene Ritter Heinrich von Kempten, der im Epilog auch als Vorbild genannt wird. Der Textbestand schwankt zwischen 722 und 720 Versen. Konrad beruft sich auf eine lateinische Quelle, möglicherweise eine Erzählung von Gottfried von Viterbo, die auch in der deutschen Chronistik vorkommt. Die Erzählung ist zweigeteilt; der erste Teil handelt von dem Streit zwischen dem Kaiser Otto und Heinrich von Kempten und dessen Verurteilung und Selbstrettung, der zweite von der Befreiung des Kaisers aus einer lebensbedrohenden Situation durch den Ritter und dessen Begnadigung. Der namentlich erwähnte und urkundlich belegte Straßburger Auftraggeber, der Domprobst Berthold von Tiersberg, legt eine Datierung um 1261 nahe.

Überlieferung

Konrad von Würzburg: Kaiser Otto und Heinrich von Kempten: Abbildung der gesamten Überlieferung und Materialien zur Stoffgeschichte. Hrsg. von André Schnyder, Göppingen 1989.

Textausgaben, Übersetzungen

Konrad von Würzburg: Kleinere Dichtungen I: Der Welt Lohn, Das Herzmære, Heinrich von Kempten. Hrsg. von Edward Schröder. 3. Aufl. Berlin 1959.

Konrad von Würzburg: Heinrich von Kempten. Der Welt Lohn. Das Herzmære. Mhd./Nhd. Mittelhochdeutscher Text nach der Ausgabe von Edward Schröder. Übers., mit Anm. und einem Nachw. vers. von Heinz Rölleke. Stuttgart 1968 [u. ö.].

Literatur (in Auswahl)

Brall, Helmut: Geraufter Bart und nackter Retter. Verletzung und Heilung des Autoritätsprinzips in Konrads von Würzburg ›Heinrich von ›Kempten‹. In: Klaus Matzel / Hans-Gert Roloff (Hrsg.): Festschrift für Herbert Kolb zu seinem 65. Geburtstag. Frankfurt a. M. [u. a.] 1989. S. 31–52.

Dobozy, Maria: Der Alte und der Neue Bund in Konrads von Würzburg ›Heinrich von Kempten‹. In: Zeitschrift für deutsches Altertum und deutsche Literatur 107 (1988) S. 386–400.

Fischer, Hubertus / Völker, Paul-Gerhard: Konrad von Würzburg: ›Heinrich von Kempten‹. Individuum und feudale Anarchie. In: Literaturwissenschaft und Sozialwissenschaften 5. Literatur im Feudalismus. Mit Beiträgen von Wolfgang Beutin [u. a.]. Stuttgart 1975. S. 83–130.

Heitzmann, Daniela: Blick – Affekt – Handlung. Die männlichen Blicke in Heinrich von Kempten Konrads von Würzburg. In: Frauenblicke, Männerblicke, Frauenzimmer. Studien zu Blick, Geschlecht und Raum. Hrsg. von Waltraud Fritsch-Rössler. St. Ingbert 2002. S. 95–110.

Hertzberg, Wilhelm: Der Weisen: In: Zeitschrift für deutsches Altertum und deutsche Literatur 10 (1879) S. 383–385.

Hoffmann, Werner: *Wann manheit unde ritterschaft / diu zwei diu tiurent sêre.* Ein semantisches Problem im Heinrich von Kempten. In: Archiv für das Studium der neueren Sprachen und Literaturen (2003) Nr. 240. S. 354 – 360.

Kellner, Beate: Der Ritter und die nackte Gewalt. Rollenentwürfe in Konrads von Würzburg ›Heinrich von Kempten‹. In: Matthias Meyer / Hans-Jochen Schiewer: Literarische Leben. Rollenentwürfe in der Literatur des Hoch- und Spätmittelalters. Festschrift für Volker Mertens zum 65. Geburtstag. Tübingen 2002. S. 361–384

Kellner, Beate: Zur Kodierung von Gewalt in der mittelalterlichen Literatur am Beispiel von Konrads von Würzburg ›Heinrich von Kempten‹, in: Wolfgang Braungart [u. a.] (Hrsg.): Wahrnehmen und Handeln. Perspektiven einer Literaturanthropologie. Bielefeld 2004 . S. 75–103.

Neudeck, Otto: Erzählen von Kaiser Otto. Zur Fiktionalisierung von Geschichte in mittelhochdeutscher Literatur. Köln [u. a.] 2003.

Röll, Walter: Zum ›Heinrich von Kempten‹ von Konrad von Würzburg. In: Zeitschrift für deutsches Altertum und deutsche Literatur 112 (1983) S. 252–257.

Schnyder, André: Beobachtungen und Überlegungen zum ›Heinrich von Kempten‹ Konrads von Würzburg. In: Jahrbuch der Oswald-von-Wolkenstein-Gesellschaft 5 (1989) S. 273–83.

Zacke, Birgit: Die Gelegenheit beim Schopfe packen: über Ursachen und Lösungen von Konflikten in Konrads von Würzburg ›Heinrich von Kempten‹. In: Hans-Dieter Heimann (Hrsg.): Weltbilder des mittelalterlichen Menschen. Berlin 2007. S. 191–208.

Stellenkommentar

1 *keiser Otte:* Möglicherweise eine Anspielung auf Otto II. (955–983); es lassen sich aber auch Züge von Otto I (912–973) erkennen.

8 *rœtelehtez hâr:* Rothaarige galten im Mittelalter, wie schon im Altertum, als falsch und böse; vgl. HdA, Bd. 7, Sp. 802 f.

24 *Bâbenberc: castrum babenberch*, Stammburg der Babenberger, im heutigen Bamberg.

48 *wazzer naeme:* Es gehörte zur mittelalterlichen Tischzucht, sich vor dem Essen die Hände zu waschen (dazu Bumke 1986 [s. Literaturangabe S. 151], S. 240 ff.)

75 *truhsæze:* Der Truchsess war für das Arrangement der Mahlzeiten und für die Sitzordung der Gäste zuständig. Der Stab ist Zeichen seines Amts.

316 *den weisen:* Als *weise* wird eigentlich ein Stein in der Reichskrone bezeichnet, da die Krone aber bereits am Boden liegt, ergibt das keinen Sinn. Wahrscheinlicher ist die Bedeutung ›Kehle‹ oder ›Gurgel‹ (dazu Hertzberg, 1879).

389 Äbte von Reichsklöstern besaßen in Deutschland Fürstenstatus und waren direkte Lehnsträger der Kaisers.

522 *rœmischer voget:* Titel des Kaisers des heiligen römischen Reichs.

756 *von Tiersberc:* Der Auftraggeber ist der Straßburger Domprobst, Berthold von Tiersberg, der das Amt ab 1260 innehatte. Da Berthold 1275 starb, muss der ›Heinrich von Kempten‹ während dieser fünfzehn Jahre entstanden sein.

759 *von latîne:* Eine direkte lateinische Quelle ist nicht bekannt, obwohl die Grundfabel in einigen lateinischen und auch deutschen Chroniken enthalten ist.

Weitere Literaturhinweise

Bumke, Joachim: Höfische Kultur. Literatur und Gesellschaft im hohen Mittelalter. 2 Bde. München 1986.

BMZ Mittelhochdeutsches Wörterbuch von Georg Friedrich Benecke, Wilhelm Müller und Friedrich Zarncke. 3 Bde. Leipzig 1854–66.

Ehrismann, Otfrid (Hrsg.): Ehre und Mut, Âventiure und Minne. Höfische Wortgeschichten aus dem Mittelalter. München 1995.

Gottfried von Straßburg: Tristan. Bd. 1: Text. Hrsg. von Karl Marold. Unveränderter fünfter Abdruck nach dem dritten, mit einem auf Grund von Friedrich Rankes Kollation verbesserten kritischen Apparat besorgt und mit einem erweiterten Nachwort versehen von Werner Schröder. Berlin / New York 2004. – Bd. 2: Übersetzung von Peter Knecht. Mit einer Einführung in das Werk von Tomas Tomasek. Berlin / New York 2004.

HDA Handwörterbuch des deutschen Aberglaubens. Hrsg. von Hanns Bächtold-Stäubli unter Mitwirkung von Eduard Hoffmann-Krayer. 10 Bde. Berlin 1927–42.

Hartmann von Aue: Gregorius. Hrsg. von Hermann Paul. Neu bearb. von Burghart Wachinger. 14. durchges. Aufl. Tübingen 1992.

– Der arme Heinrich. Mhd./Nhd. Hrsg. von Ursula Rautenberg. Übers. von Siegfried Grosse. Stuttgart 2003. Konrad von Würzburg: Engelhard. Hrsg. von Ingo Reiffenstein. 3., neubearb. Aufl. der Ausgabe von Paul Gereke. Tübingen 1982.

Wirnt von Grafenberg: Wigalois. Text, Übersetzung, Stellenkommentar. Text der Ausgabe von J. M. N. Kapteyn. Übers., erl. und mit einem Nachw. vers. von Sabine Seelbach und Ulrich Seelbach. 2., erw. Aufl. Berlin [u. a.] 2014.

Lexer Lexer, Matthias: Mittelhochdeutsches Handwörterbuch. 3 Bde. Leipzig 1872–78.

Paul, Hermann: Mittelhochdeutsche Grammatik. 23. Aufl. neu bearb. von Peter Wiehl und Siegfried Grosse. Tübingen 1987.